AF346653

CATALOGUE GÉNÉRAL

MUSÉE

DE

SCULPTURE COMPARÉE

DU TROCADÉRO

PAR

Camille ENLART
Membre de l'Institut
Directeur du Musée de Sculpture comparée

Jules ROUSSEL
Conservateur
du Musée de Sculpture comparée

FRANCE

Style Gothique

HENRI LAURENS ÉDITEUR, PARIS

MANUELS d'HISTOIRE de l'ART

Collection de volumes grand in-8 (25×17)

Chaque volume broché. . . . . **40** francs.

La Peinture (des origines au XVI
siècle), par Louis HOURTICQ, professeur à l'Ecole des Beaux-Arts.
1 vol. avec 171 gravures.

La Peinture (XVIIe-XVIIIe siècle),
par Louis GILLET. 1 volume avec
170 gravures.

La Peinture (XIXe siècle : le retour à
l'antiquité ; le romantisme), par
Henri FOCILLON, professeur à la
Sorbonne. 1 vol. avec 190 gravures.

La Gravure, par Léon ROSENTHAL,
professeur à l'Université de Lyon.
1 vol. avec 174 gravures.

Les Arts du Tissu, par Gaston MIGEON.
1 vol. avec 175 gravures.

La Sculpture Antique (des origines à
Phidias), par Charles PICARD, directeur de l'Ecole d'Athènes. 1 vol.
avec 121 gravures.

La Sculpture Antique (de Phidias à la
fin de l'Empire romain), par Charles
PICARD. 1 vol. avec 202 gravures.

Les Arts de la terre, par René JEAN.
1 vol. illustré de 198 gravures.

L'Architecture (L'antiquité), par François BENOIT, professeur à la Faculté
des Lettres de Lille. 1 vol. avec
351 gravures.

L'Architecture (L'Orient médiéval et
moderne), par François BENOIT. 1 vol.
avec 308 gravures.

En préparation :

L'Architecture (L'Occident : Moyen Age
et Renaissance), par R. BENOIT.

L'Architecture (L'Occident : Temps mo-
dernes), par F. BENOIT.

La Peinture (XIXe-XXe siècle), par H.
FOCILLON.

Les Arts du Métal, par H. CLOUZOT.

La Sculpture, par P. VITRY.

BUT DE LA COLLECTION :

Le but de la collection est de donner en peu de volumes l'histoire et l'évolution des
diverses formes d'art à travers les âges, sans distinction de pays. Ces **Manuels** offren
une véritable encyclopédie appuyée d'innombrables exemples où les procédés, les mouve
ments, les vicissitudes des divers arts sont exposés avec une méthode, une clarté toutes
scientifiques, d'après les sources les plus sûres.

L'illustration de chaque volume est très abondante et très complète ; il suffit, en
quelque sorte, de feuilleter un ouvrage pour avoir par l'image une histoire de la *peinture*
ou de la *gravure*. Les reproductions, pour être très parlantes, sont données à une *échelle
aussi grande que possible*.

CATALOGUE GÉNÉRAL

DU

MUSÉE DE SCULPTURE COMPARÉE

AU

PALAIS DU TROCADÉRO

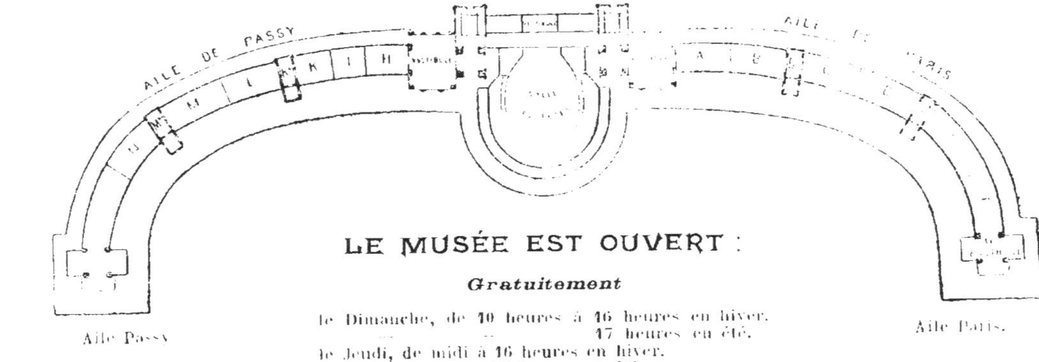

LE MUSÉE EST OUVERT :

Gratuitement

le Dimanche, de 10 heures à 16 heures en hiver.
— 17 heures en été.
le Jeudi, de midi à 16 heures en hiver.
— 17 heures en été.

Avec taxe de 1 franc (par aile)

le Mardi, de 1 heure à 16 heures en hiver.
— 17 heures en été.
le Mercredi, de 10 heures à 16 heures en hiver.
— 17 heures en été.
le Jeudi de 10 heures à midi.
le Vendredi, de 10 heures à 16 heures en hiver.
— 17 heures en été.
le Samedi, de 10 heures à 16 heures en hiver,
— 17 heures en été.

Le Musée est fermé : Tous les Lundis ; le 1er Janvier, le 14 Juillet, le lendemain de l'Ascension, le 15 Août, le 1er Novembre, le 25 Décembre, à moins ces fêtes ne tombent un dimanche.

Galerie Principale.

Salle H   XIIe
— I   XIIe, XIIIe
— K   XIIIe à XIVe
— K *bis*   XIIIe à XVe
— L   XVe, XVIe
— M   XVe, XVIe
— M *bis*   XVIe, XVIIIe
— N   XVIIe à XIXe

Galerie extérieure.

Antiquité. Epoques g.-r., chrétienne, mérovingienne, carolingienne.
Section d'Architecture. (Réductions.)
Vitraux français du XIIIe au XVIe siècle.

Galerie principale.

Salle A   XIIe
— B   XIIIe, XIVe
— B *bis*   XIIIe à XVe
— C   XIIIe à XVe
— D   XVe, XVIe
— D *bis*   XVIe, XVIIe
— E   XVIIe, XVIIIe.
— F   XIe à XVIe
— G   Bibliothèque.

Galerie extérieure.

Sculpture étrangère XIIe à XVIe siècle.

CATALOGUE GÉNÉRAL

DU

MUSÉE DE SCULPTURE COMPARÉE

AU

PALAIS DU TROCADÉRO

(Moulages)

par

Camille ENLART
Membre de l'Institut
Directeur du Musée de Sculpture comparée

Jules ROUSSEL
Conservateur
du Musée de Sculpture comparée

NOUVELLE ÉDITION

32 PLANCHES D'APRÈS LES CLICHÉS LEVY-NEURDEIN

II

FRANCE

Style Gothique

HENRI LAURENS, ÉDITEUR
6 RUE DE TOURNON, PARIS
1926

Le Catalogue Général du *Musée de Sculpture comparée du Trocadéro*, comprendra 3 fascicules contenant les neuf Divisions du Musée. A chaque Division correspond une lettre de A à I. Les œuvres de chaque Division ont un numérotage indépendant.

FASCICULE I

FRANCE

<table>
<tr><td>1</td><td>Monuments antérieurs à l'Époque Romane, numérotés</td><td>A 1 à A 64</td></tr>
<tr><td>2</td><td>Style Roman. . . . . . , ... —</td><td>B 1 à B 301</td></tr>
</table>

FASCICULE II

FRANCE

<table>
<tr><td>3</td><td>Style Gothique Primitif. . . . . —</td><td>C 1 à C 223</td></tr>
<tr><td>4</td><td>—   Secondaire . . . . —</td><td>D 1 à D 217</td></tr>
<tr><td>5</td><td>—   Flamboyant. . . . . —</td><td>E 1 à E 186</td></tr>
</table>

FASCICULE III

FRANCE

<table>
<tr><td>6</td><td>Renaissance. . . . . —</td><td>F 1 à F 300</td></tr>
<tr><td>7</td><td>Temps modernes (XVIIe, XVIIIe et XIXe). —</td><td>G 1 à G 277</td></tr>
</table>

ÉTRANGER

<table>
<tr><td>8</td><td>Antiquité.. . . . . —</td><td>H 1 à H 38</td></tr>
<tr><td>9</td><td>Moyen âge, Renaissance et Temps Modernes. —</td><td>I 1 à I 238</td></tr>
</table>

STYLE GOTHIQUE PRIMITIF

Cathédrale Notre-Dame d'Amiens.

C 1. — Façade occidentale, *Trumeau de la porte centrale.*

> Debout au trumeau, le Christ bénit, tient le Livre, foule
> aux pieds le Lion et le Dragon, et plus bas, au-dessous
> du socle à créneaux, l'Aspic et le Basilic que sépare un
> cep de vigne (Ps. XC).
> Cette statue connue sous le nom de *Beau Dieu d'Amiens*
> est protégée par un dais d'architecture accosté d'angelots
> thuriféraires.
> Au-dessous, dans une arcade tréflée dont les faces
> latérales sont ornées d'un lis et d'un rosier, la figure d'un
> roi debout, tenant un sceptre et un phylactère, probable-
> ment Salomon.
> Le soubassement et les parements latéraux du trumeau
> sont couverts d'un semis de fleurs stylisées traitées en
> méplat.   Hᵣ 7 m. 46; Lᵣ 1 m. 05.

C 2. — *Tête du Christ adossé au trumeau de la porte
centrale.*

> (*Voir le numéro précédent*).   Hᵣ 0 m. 52; Lᵣ 0 m. 65.

C 3. — *Trumeau de la porte nord.*

> Abrité par un dais d'architecture, Saint-Firmin bénit. Le
> premier évêque d'Amiens écrase une petite figure d'homme
> symbolisant le paganisme.
> A la partie inférieure, sous de petits édicules formant
> dais, en bas relief, les épisodes principaux de la vie du
> saint. (Il détourne Attila de marcher sur Amiens, etc.)

Le soubassement, les parements latéraux et les départs du linteau sont décorés comme le précédent.

Hr 8 m. 45; Lr 1 m. 46.

C 4-5. — *Statues de l'ébrasement gauche de la porte nord.*

Adossé à une colonne engagée, où se soude un dais d'architecture, le prophète Aggée tient un rouleau, et de l'index, précise sa parole.

Il est supporté par une petite figure d'homme imberbe, les jambes croisées.

Un ange tenant l'encensoir et la navette est supporté par une petite figure de roi.　　　Hr 4 m.; Lr 0 m. 70.

C 6-7. — *Soubassements de la porte nord.*

Ces soubassements sont décorés de vingt-huit bas-reliefs inscrits dans des quatrefeuilles.

A gauche :		Au dessous :
Juin.	Le Cancer.	La fenaison.
Juillet.	Le Lion.	La moisson.
Août.	La Vierge.	Le battage des grains.
Septembre.	La Balance.	La récolte des pommes.
Octobre.	Le Scorpion.	Le foulage des raisins.
Novembre.	Le Sagittaire.	Les semailles.

A droite :		
Décembre.	Le Capricorne.	La salaison des porcs.
Janvier.	Le Verseau.	Janus à table entre deux serviteurs.
Février.	Les Poissons.	Vieillard près d'un feu.
Mars.	Le Bélier.	Les travaux de la vigne.
Avril.	Le Taureau.	Un damoiseau tenant un faucon.
Mai.	Les Gémaux.	Le repos à l'ombre.

Les médaillons complémentaires sont, à gauche, consacrés au prophète Aggée : le temple rebâti, la terre desséchée ; à droite, au prophète Sophonie : le Seigneur parcourant Jérusalem la lumière à la main ; et à Ezéchiel la maison habitée par le hérisson et le corbeau.

Les parements non sculptés sont décorés d'un semis de fleurs stylisées.　　　Hr 3 m. 40; Lr 5 m. 75.

C 8-9. — *Chapiteaux de colonnes engagées de la porte nord.*

Corbeille couverte de feuilles à crochets sous abaque polygonal.

XIIIe siècle, vers 1225.　　　Hr chapiteau et abaque 0 m. 50.

C 10. — *Tombeau d'Evrard de Fouilloy.*

Evrard de Fouilloy, XLV° évêque d'Amiens, posa en 1220 la première pierre de la cathédrale et mourut en décembre 1222.

L'évêque est étendu, abrité par une arcade tréflée surmontée d'édicules. Sa tête repose sur un coussin broché, ses pieds sur deux dragons. La main droite bénit; la position de la main gauche et des traces sur la chasuble, indiquent la présence d'une crosse, aujourd'hui détruite.

A ses côtés, deux anges thuriféraires et deux clercs tenant des cierges.

La plaque funéraire, bordée de palmettes, supportée par six lions accroupis, présente, gravée et ciselée en majuscule gothique, l'épitaphe.

Qui populum pavit qui fundamenta locavit
Hujus structure, cujus fuit urbs data cure,
Hic redolens nardus, fama requiescit Ewardus,
Vir pius afflictis viduis tutela, relictis
Custos ; quos poterat recreabat munere, verbis ;
Mitibus agnus erat, tumidis leo, lima superbis.

Ce tombeau, primitivement placé au milieu de la nef, puis sous l'orgue, se trouve actuellement entre les piliers de la troisième travée nord de la nef.

XIII° siècle. Bronze. L 2 m. 40; L 1 m. 31.

C 11. — *Tombeau de Geoffroy d'Eu.*

Geoffroy, XLVI° évêque d'Amiens, continua les travaux de la cathédrale et mourut en novembre 1236.

Comme le précédent, ce tombeau n'occupe plus sa place primitive. Il est de dispositions analogues, et sur le bord de la plaque, se lit l'épitaphe gravée en majuscule gothique.

Ecce premunt humile Gaufridi membra cubile,
Seu minus aut simile nobis parat omnibus ille,
Quem laurus gemina decoraverat in medicina
Legeque divina decuerunt cornua bina ;
Clare vir Augensis, quo sedes Ambianensis
Crevit in immensis ; in celis auctus, Amen, sis.

XIII° siècle. Bronze. L 2 m. 40. L 1 m. 40.

Cathédrale de Bayeux.

C 11¹. — *Tympan d'une porte à l'intérieur de la* TOUR *nord* :

Inscrit entre un arc surbaissé et un arc brisé, ce tympan est décoré d'un monstre double, à tête unique, dont les queues se terminant en rameaux de feuillage, en recouvrent tout le champ. H 1 m. 48. L 2 m.

C 11². — Ancienne Cathédrale de Boulogne-sur-Mer.

Corniche de la Nef établie après 1214 en remplacement de la nef romane
Musée lapidaire de la Crypte de N.-D.

Hᵣ 0 m. 69 ; Lᵣ 2 m. 10.

C 11³. — Château de Boulogne-sur-Mer.

Élevé en 1231, par Philippe de France dit Hurepel, Comte de Boulogne.
Chapiteau d'une colonne de la salle basse.

Hᵣ 0 m. 65 ; Lᵣ 0 m. 95.

C 11⁴. — *Chapiteau trouvé sur l'emplacement de l'*Abbaye de Longvilliers.

Musée du XIIIᵉ siècle.   Musée de Boulogne.

Hᵣ 0 m. 40 ; Lᵣ 0 m. 60.

C 11⁵. — *Statuette dite le* Roi de Bourges *trouvée dans cette ville lors de la démolition d'une maison de la rue de Juranville.*

Roi debout, les mains jointes. L'origine de cette statuette n'est pas connue. Les inventaires du Trésor de la Cathédrale de Bourges, antérieurs à 1560, décrivent une Châsse dite des Innocents, du milieu du XIIIᵉ siècle, au revers de laquelle était une Adoration des Mages ; mais l'attitude du roi n'apportant aucun présent, constituerait une dérogation peut-être unique aux règles iconographiques d'un thème dont les exemples sont des plus nombreux.

Cette statuette qui figura à l'Exposition des primitifs français appartient aujourd'hui à la Collection Pierpont-Morgan.

XIIIᵉ siècle. — Argent doré repoussé.   Hᵣ 0 m. 55.

C 11⁶ — *Lutrin conservé dans* l'Église Saint-Martin à Brives.

Émergeant d'un trépied décoré d'animaux, quatre tiges réunies en faisceau par des bagues ornées s'épanouissent et s'amortissent en têtes de chiens.

XIIIᵉ siècle. — Fer forgé.   Hᵣ 1 m. 95.

C 12. — *Clef de voûte conservée au* Musée de Caen.

Rosace de feuillages ajourés amortissant la rencontre des arcs de la voûte.

XIIIᵉ siècle.   Hᵣ 0 m. 40.

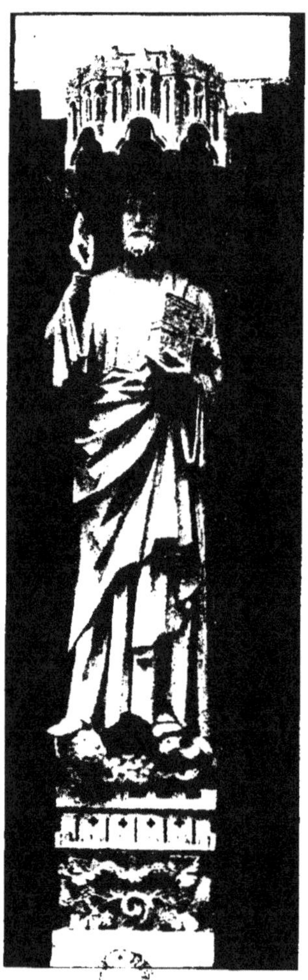

C. 1. — CATHÉDRALE D'AMIENS.
Grand portail. Christ dit le beau Dieu (vers 1225).

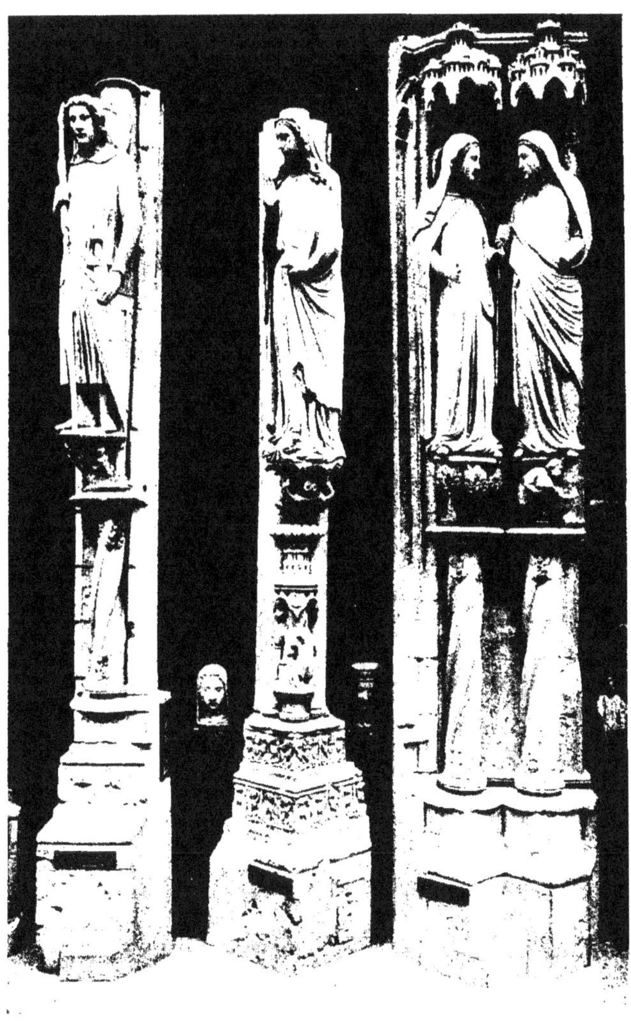

G. 28-17-15. — CATHÉDRALE DE CHARTRES.
Porche Méridional. Saint Théodore. Porche Septentrional. Sainte Modeste.
La Visitation. XIII siècle.

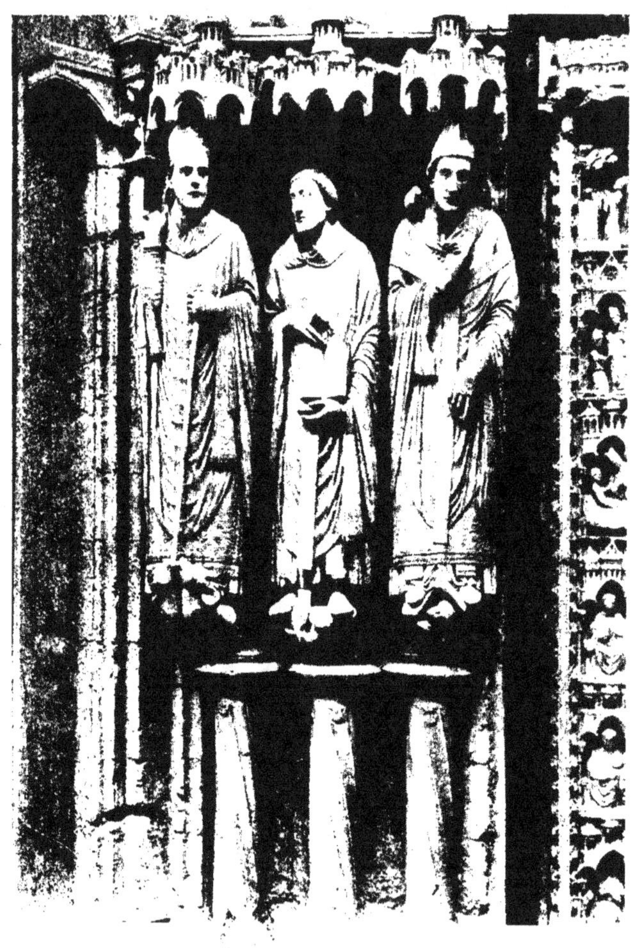

C. 24-25. — CATHÉDRALE DE CHARTRES.
Portail Méridional. Figures de la porte de droite. Décoration de Pilier du Porche Sud
XIIIe *siècle* .

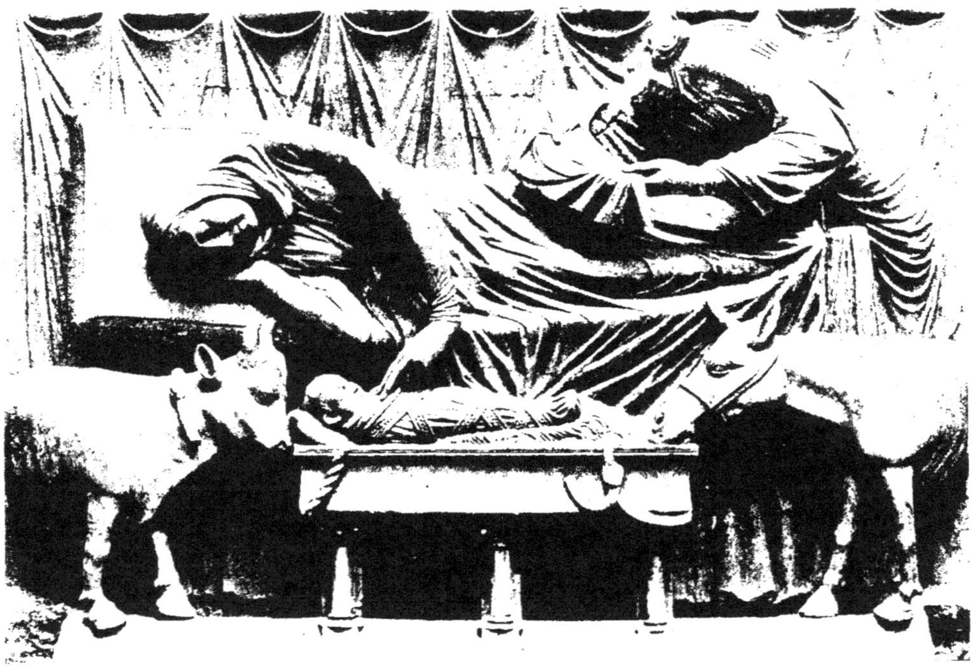

C. 56. — CATHÉDRALE DE CHARTRES.

Bas-relief provenant de l'ancien Jubé. XIII° *siècle*.

Cathédrale Notre-Dame de Chartres.

C 13. — PORCHE SEPTENTRIONAL. *Figures ornant un pilier de la baie centrale.*

Adossées à des colonnes dont les chapiteaux sont surmontés de dais d'architecture, les statues de deux bienfaiteurs de l'église que l'on a supposées être celles de Philippe Hurepel, comte de Boulogne († 1233), oncle de saint Louis, coiffé de la calotte, vêtu de la cotte et du manteau, un sceptre à la main; et de sa femme, Mahaut, coiffée du chaperon à mentonnière, retenant par l'*attache* le long manteau jeté sur la robe. Un vitrail de la cathédrale sur lequel figure la comtesse Mahaut semblerait venir à l'appui de cette attribution.

Cependant ces deux statues pourraient plus vraisemblablement, représenter Salomon et la Reine de Saba.

Les supports de forme originale et compliquée sont chargés de riches ornements et de petits bas-reliefs de la vie de David :

Accompagné de son père Isaïe et de ses frères, David se présente à Samuel qui le sacre roi. *Samuel; David; fratres ejus; Ysaï*, dit l'inscription. — David jouant de la harpe. — David l'épée à la main devant Saül (la figure de Saül est détruite).

Vers 1230.   Hr 6 m. 38; Lr 1 m. 30.

C 14. — *Figures ornant un des pieds-droits de la baie de gauche.*

La Visitation.

Abritées sous des dais, adossées à des colonnes, Marie et Elisabeth, se tournent l'une vers l'autre.

Ces statues reposent sur des colonnettes torses ornées de feuillages, que terminent des consoles où figurent le Buisson ardent, symbole de la Vierge, et un petit personnage versant de l'eau dans une cuve.   Hr 6 m. 05; Lr 1 m. 40.

C 15-16. — *Base des piliers de la baie de droite.*

Ces piliers sont constitués par un soubassement polygonal portant, superposées, des assises de forme et de décor variés, ornements, feuillages et figurines, d'un caractère absolument particulier et servant de piédestal aux statues de saint Louis et de saint Ferdinand (?), roi d'Aragon, accompagnés de deux prophètes. Abritées sous des niches tréflées, les statuettes du pilier gauche représentent :

La Médecine, un livre ouvert à la main, des simples à ses pieds.

La Géométrie, portant l'équerre et le compas.

La Peinture tenant la palette et le pinceau.

La Philosophie et la Magie, *Philosophus, magus*.

Celles du pilier droit :

L'Agriculture. — Le Père Eternel, Abel gardant les troupeaux. Caïn travaillant la terre. *Caïn.*

La Musique. — Jubal jouant de la harpe. *Jubal.*

La Métallurgie. Tubalcaïn frappant sur l'enclume. *Tubalcaim.*   Hᵣ 3 m. 80.

C 17. — *Figure ornant un des piliers de la baie de droite.*

Sainte Modeste tient un livre de la main gauche, la main droite est levée.

Elle est vêtue d'une longue robe et d'un manteau. et ses cheveux flottants sont couverts d'un voile.

Sur le support le martyre de la sainte et l'enlèvement de son âme au ciel par deux anges.

Hᵣ 5 m. 55; Lᵣ 1 m. 12.

C 18. — *Groupe d'Adam et Eve.*

Adam et Eve se cachent derrière les feuilles d'un figuier.   Hᵣ 0 m. 66.

C 19. — *Chapiteaux.*

Corbeilles couvertes de feuilles de sorbier.

Lᵣ du tailloir. 0 m. 80.

C 20. — *Chapiteau d'une colonnette engagée.*

Au milieu de feuillages, un guerrier armé de l'épée et du bouclier, vêtu de la cotte de mailles combat deux monstres ailés.   Hᵣ 0 m. 42; Lᵣ 0 m. 30.

C 20. *bis* — *Chapiteau d'angle.*

C 21. — *Fragments d'ornementation des bases.*

C 22. — Porche méridional. *Tympan de la baie centrale.*

Le Christ ressuscité. drapé dans son linceul est assis sur un trône les mains levées présentant les stigmates.

Assis à ses côtés, la Vierge et Saint-Jean l'implorent les mains jointes.

Deux anges agenouillés tiennent la lance, la colonne et le fouet de la Passion.

Sortant des nuées, quatre autres anges portent la couronne d'épines, les clous et la croix.

Sur le linteau, le Jugement dernier : au centre. saint Michel tient la balance et pèse les âmes. A sa droite, les élus ; à sa gauche les damnés.

Par exception les damnés sont vêtus comme les élus et les uns et les autres portent les costumes des différentes classes de la société, rois, évêques, dames, moines et laïques.

Sortant des nuées, au-dessus des élus, des anges portent l'encensoir ; au-dessus des damnés des anges armés de l'écu et de l'épée. Hr 4 m. 33 ; Lr 4 m. 90.

C 23. — *Corbeau supportant l'extrémité gauche du linteau de la baie centrale.*

Petite figure d'homme en costume civil, assis, les mains sur les genoux. Hr 0 m. 60 : Lr 0 m. 28.

C 24-25. — *Figures décorant les ébrasements de la baie de droite.*

Ebrasement gauche :

Le pape saint Léon, en costume pontifical, bénit et foule aux pieds trois têtes symbolisant les hérésies.

Saint Ambroise, archevêque de Milan, en costume archiépiscopal. bénit et enfonce l'extrémité de sa crosse dans la bouche d'une statuette couronnée et rappelle ainsi sa conduite courageuse à l'égard de l'empereur Théodose.

Saint Nicolas, en costume pontifical, également bénissant. A ses pieds. une petite figure dans laquelle on croit voir l'assassin des trois enfants qu'il ressuscita.

Ebrasement droit :

Saint Martin, en costume archiépiscopal. bénissant. A ses pieds, rappelant un épisode légendaire, deux chiens, la langue percée par la pointe de sa crosse.

Tête nue, saint Jérôme. traducteur de l'Écriture Sainte. présente un livre ouvert et déroule une banderole dont l'extrémité est tenue par la petite figure qui lui sert de support, femme aux yeux bandés, symbolisant la Synagogue.

Saint Grégoire-le-Grand. en habits pontificaux, porte sur l'épaule droite, sous la forme d'une colombe. le Saint-Esprit lui inspirant les commentaires de la Vision d'Ézéchiel qu'il dicte à son secrétaire.

Adossées à des colonnes engagées, ces statues sont portées sur des colonnettes torses ornées de feuillages et abritées sous des dais d'architecture. Hr 6 m. 15.

C 26. — *Buste du pape saint Léon.*

(Voir le numéro précédent). H^r 0 m. 66.

C 27. — *Cul-de-lampe supportant la statue de saint Avit.*
(Baie de droite).

Saint Avit donnant la tonsure et le froc à saint Lubin.

H^r 0 m. 37; L^r 0 m. 75.

C 28. — *Figure ornant un des pieds-droits de la baie de*
gauche.

Saint Théodore, vêtu d'une cotte de mailles et d'une
cotte d'armes, une épée à la ceinture, tient de la main
droite une lance à gonfanon et s'appuie sur un écu timbré
d'une croix fleurdelysée, cantonnée de quatre fleurs de
lys.

Cette statue est portée sur une colonne torse ornée de
conges de feuillages terminée par un socle dont le bas-relief
rappelle un épisode de sa légende. H^r 5 m. 70; L^r 0 m. 85.

C 29-30. — *Figurines décorant les piliers.*

Saint Étienne assis, de la main gauche tenant un livre
et de la droite une palme dont les traces subsistent.

Une femme assise, couronnée, tenant un livre ouvert.
La position de la main droite semble indiquer l'existence
d'un sceptre, aujourd'hui détruit. H^r 0 m. 52; L^r 0 m. 72.

C 31-37. — *Sept faces des piliers supportant la voussure.*

La décoration de ces piliers est composée de bas-reliefs
étagés, encadrés de rinceaux de vigne et abrités sous des
niches tréflées qui surmontent des édicules de forme variée.

Sur quatre faces, les Vertus et les Vices.

À chacune des Vertus, personnifiée par une figure assise
tenant un écu symbolique est opposée une scène, emblème
du Vice contraire :

La Foi. — L'Idolâtrie. — L'Espérance. — Le Désespoir.
— La Charité. — L'Avarice.

La Patience. — L'Impatience. — La Douceur. — La
Colère. — Le Courage. — La Lâcheté.

La Chasteté. — La Luxure. — La Prudence. — La Folie.
— L'Humilité. — L'Orgueil.

La Persévérance. — L'Inconstance. — La Tempérance.
— L'Intempérance. — La Concorde. — La Discorde.

Sur les trois autres, les supplices des saints martyrs,
Jean-Baptiste, Denis, Saturnin, Piat, Procope, Symphorien,
et les actes de la vie légendaire des saints Léon, Martin,
Lubin, Avit, Antoine, Hilarion, Grégoire, Rémi, Soleine
et de trois autres.

H^r totale 6 m. 80; L^r de chaque face 0 m. 70

C 38. — *Une Vertu.*

Femme debout tenant un étendard et un écu chargé
d'un dragon.
Un dragon décore la console qui la supporte.

H^r 1 m.; L^r 0 m. 35.

C 39. — *Dais et chapiteaux couronnant un pilier.*

H^r 0 m. 55; L^r 1 m. 40.

C 40. — *Chapiteau de colonne cantonné de quatre chapiteaux de colonnettes.*

H^r 0 m. 38.

C 41. — *Fût de colonnette ornée de feuillage.*

H^r 0 m. 65.

C 42. — *Fragment de frise de feuillage formant crochet;
plante de fraisier étalée légèrement stylisée.*

H^r 0 m. 40; L^r 0 m. 45

C 43-48. — *Fleurons terminant les pinacles.*

H^r 0 m. 85

C 49. — *Tête d'une gargouille colossale.*

H^r 1 m. 20.

C 50. — *Série de fragments divers provenant des grandes
statues des* PORCHES LATÉRAUX.

Evangéliaires, détails de costume, etc., etc.
(*Don de M. Geoffroy Dechaume*).

C 51. — *Tête de roi.*

H^r 0 m. 43.

C 52. — *Tête de sainte.*

H^r 0 m. 43.

C 53-54. — BRAS NORD DU TRANSEPT. *Deux anges thuriféraires accostant la Vierge du pignon.*

H^r 1 m. 25.

C 55. — BRAS SUD DU TRANSEPT. *Clef de voûte.*

Larges feuilles et grappes de fruits entourant une ouverture circulaire.
H^r 0 m. 90.

Fragments de l'ancien JUBÉ.

Ce jubé, détruit par le Chapitre en 1763, remontait à

l'épiscopat de Mathieu des Champs (1247-1259), peut-être
même pour certaines parties à celui de Pierre de Mincy
(1260-1276).

Des fragments épars de ce jubé sont conservés, à Chartres, dans la crypte de la cathédrale et sous la chapelle
Saint-Piat, à Paris, au musée du Louvre.

Les originaux portent des traces de polychromie.

C 56-60. — *Hauts-reliefs.*

La Nativité. — Le Songe des Mages. — Les Mages devant
Hérode. — Tête d'un roi Mage. — Un berger.

C 61-67. — *Bas-reliefs.*

Cavalier sonnant du cor au milieu d'arbres d'essences
variées. — Piqueur. — Groupe d'animaux fuyant parmi
lesquels un dragon. — Un homme effrayé laisse tomber son
épée, son écu et son gonfanon, un escargot monstrueux
semble le poursuivre. — Rinceaux.

C 68-70. — *Clefs de voûte.*

La Vierge et l'Enfant, et entre les départs des arcs quatre
anges adorateurs. — L'Annonciation. — L'agneau crucifère
et quatre anges.

C 71. — *Fragments d'anciens fonts baptismaux.*

Ces fonts étaient supportés par cinq colonnettes, et le
feuillage des chapiteaux se répand sur toute la vasque,
même sur la partie non visible.

Diamètre, 1 m.

C 71¹. — **Maison du Parvis Notre-Dame, à Chartres.**

Fenestrage mis à découvert en mai 1911.

Suite de six fenêtres juxtaposées, dont les arcs brisés
sont amortis par des chapiteaux de feuillages, correspondant à des groupes de trois colonnettes, deux engagées et
une adossée, reposant sur un bandeau continu. Un cordon
de dents de scie encadrait à l'origine le bandeau boudin
des arcs. Un meneau divisait chacune des baies mais il ne
subsiste pas de témoins suffisants pour permettre une
reconstitution indiscutable. Cette hypothèse est confirmée
par la décoration particulière du 2e et du 4e tympan. Ils
présentent en effet, à leur partie inférieure, deux petits
arcs dont les retombées centrales paraissent nécessiter
un meneau encore plus que ne le font, dans les autres

tympans, les départs des tiges florales, qui, toutes, se trouvent exactement placées dans l'axe.

Les tympans sont décorés de hauts-reliefs.

1° à gauche. Séparés par la branche maîtresse d'un cep de vigne, deux dragons affrontés se menacent.

2° A la partie supérieure, vestiges de feuillages.

A la partie inférieure, deux petits arcs brisés ornés de folioles : le premier abrite deux lutteurs en action, le second, deux joueurs de dés assis devant une tablette.

3° Feuilles et fleurs d'arum, largement dessinées et très intéressantes à rapprocher des feuilles de même espèce qui décorent le tombeau de Jean de Salisbury provenant de Lèves près Chartres. (C. 102).

4° A la partie inférieure, deux petits arcs tréflés, abritant des pieds de fraisiers en fleurs. La partie supérieure est entièrement couverte des rameaux d'un figuier.

5° Double cep de vigne chargé de grappes.

6° Tiges de cresson se développant en rinceaux symétriques et se terminant par de petites têtes feuillues.

XIII° siècle.   H^r 3 m. 60 ; L^r 11 m. 40.

Eglise Notre-Dame de Dijon.

C 71². — PORCHE OCCIDENTAL. *Groupe de chapiteaux supportant le linteau de la porte Nord.*

La corbeille du premier chapiteau est couverte de feuillages, sur lesquels viennent s'appuyer les voûtes d'un dais chargé d'édicules.

Sur le feuillage du second, s'appuie une petite figure d'homme en costume civil, qui de deux mains supporte l'abaque.   H^r 0 m. 76.

C 71³. — *Chapiteau adossé à un gros pilier du porche.*

Double rang de feuillages à crochets.   H^r 0 m. 75.

C 71³. — *Dais.*

La face est ornée d'une suite de vases, d'un type tout à fait antique, encadrés sous des frontons bas de proportions également classiques.

La partie inférieure est découpée en arcs tréflés.

H^r 0 m. 43.

C 71⁴ 71⁵ — *Fragments d'une frise de la façade occidentale.*

Rinceaux de pampres.

Ces fragments, déposés lors de la restauration, sont aujourd'hui conservés au Musée de la ville.

Église de l'ancienne Abbaye de Fontevrault. (Maine-et-Loire *aujourd'hui maison de détention*).

Six membres de la famille royale des Plantagenet furent enterrés à Fontevrault. Leurs tombeaux, dont la situation primitive dans l'église n'est pas connue, eurent à supporter de nombreuses vicissitudes et de fréquents déplacements.

Deux priants, les figures de Jeanne d'Angleterre et de Raymond VI, furent détruits pendant la Révolution.

Les quatre gisants conservés, dont l'Angleterre avait sollicité l'attribution, furent en 1846 transportés à Paris puis en 1849, ramenés à Fontevrault, où ils sont actuellement (1923) placés dans l'absidiole du bras sud du transept.

Les gisants sont en costume royal et étendus sur des lits drapés.

C 71⁶. — *Henri II Plantagenet, roi d'Angleterre, mort à Chinon en 1189.*

Gants avec appliques d'orfèvrerie.
Pierre polychromée.   L⁼ 2 m. 30.

C 71⁷. — *Richard Cœur de Lion, roi d'Angleterre, fils du précédent, tué au siège de Chalus en 1199.*

Pierre polychromée.   L⁼ 2 m. 26.

C 71⁸. — *Éléonore de Guyenne, femme de Louis VII de France, puis de Henri II d'Angleterre. Morte à Fontevrault en 1204.*

Elle tient un livre ouvert.
Pierre polychromée.   L⁼ 2 m. 25.

C 71⁹. — *Isabelle d'Angoulême, femme de Jean-sans-Terre, roi d'Angleterre, puis de Hugues X, comte de la Marche, morte en 1216.*

Les mains sont croisées.
Bois polychromé.   L⁼ 2 m. 03

C 71¹⁰. — *Tombeau présumé d'Adélais de Champagne, comtesse de Joigny, provenant de l'Abbaye de Dilo, conservé dans l'Église* Saint-Jean de Joigny.

Ce tombeau, déposé et remonté, a été remanié et peut être mutilé. Aucun document ne permet de déterminer

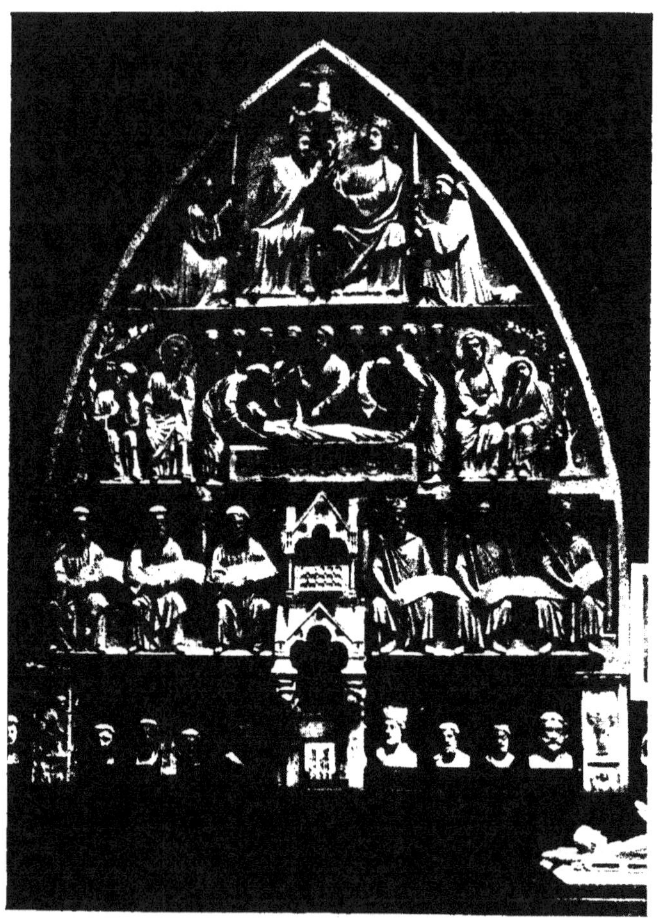

C. 115. — CATHÉDRALE DE PARIS.
Façade occidentale. Tympan de la porte de la Vierge (XIIIe siècle).

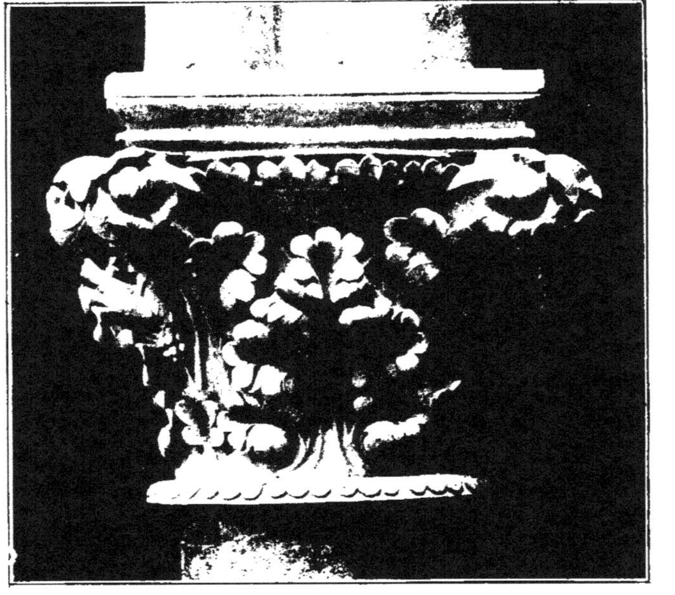

C. 202. — CATHÉDRALE DE REIMS.
Chapiteau du Triforium (XIIIe siècle).

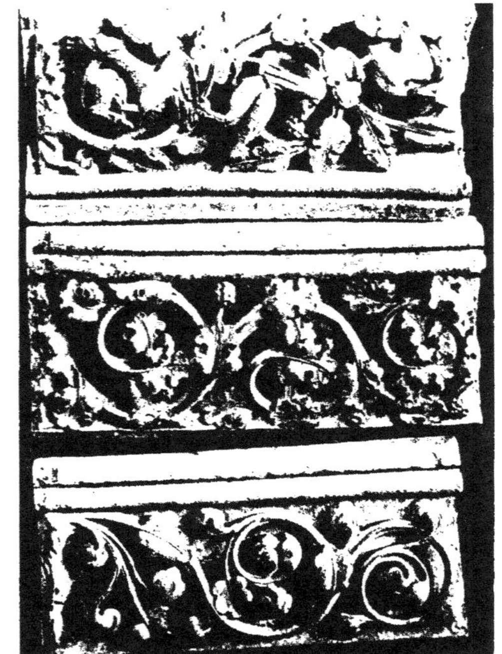

C. 125-126-127. — CATHÉDRALE DE PARIS.
Façade occidentale. Fragments de l'archivolte extérieure de
la porte nord (XIIIe siècle).

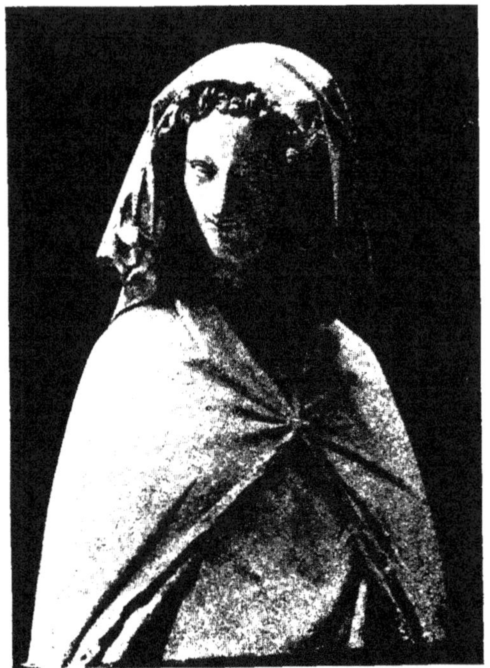

D. 109. — CATHÉDRALE DE REIMS.

Façade occidentale. Porte centrale. Sainte Anne (XIIIe *siècle*).

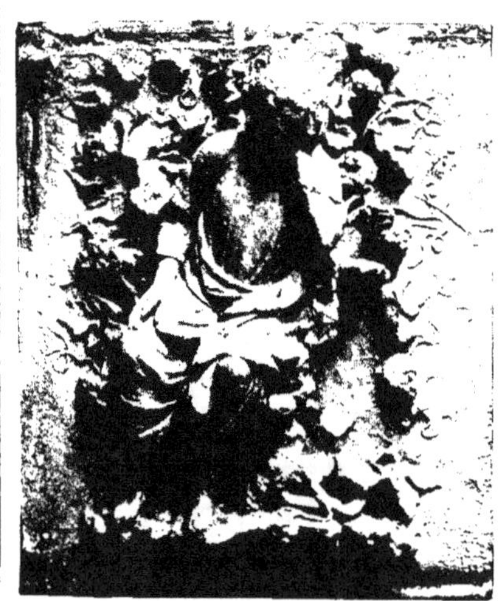

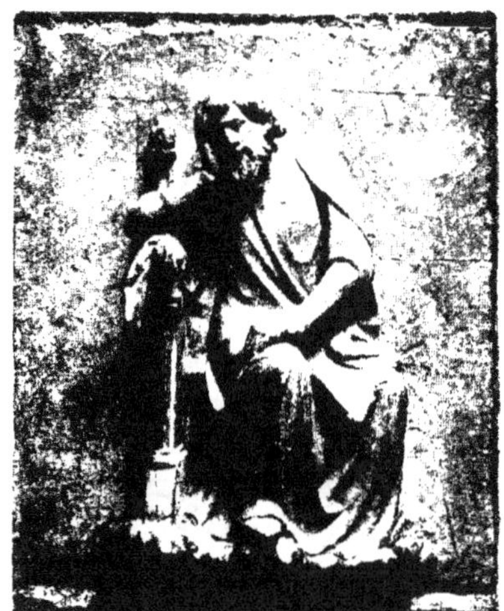

C. 152-153. — CATHÉDRALE DE REIMS.

Façade occidentale. Bas-reliefs ornant les piédroits de la porte sud (XIIIe *siècle*).

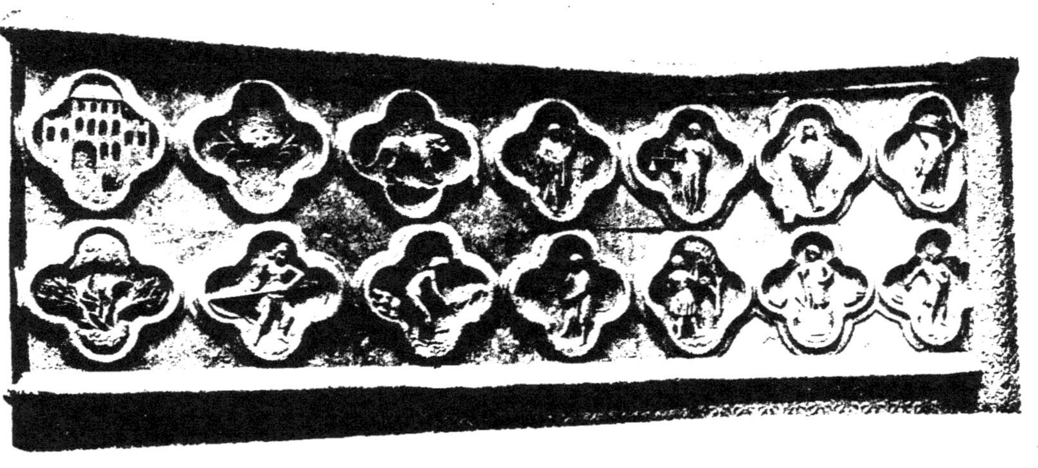

G. 6-7. — CATHÉDRALE D'AMIENS.

Façade occidentale. Soubassement de la porte nord (XIIIe siècle).

s'il était en principe adossé ou isolé. Les gisants adossés n'étaient pas en effet toujours inclinés comme le sont ceux de sainte Ozanne de Jouarre et du comte Haymon de Corbeil. Quoiqu'il en soit, deux faces seulement du soubassement sont décorées.

La face principale présente quatre petites figures debout, dans une arcature tréflée, dont les chapiteaux de feuillage ont été en partie refaits.

La première est un jeune homme, imberbe, les cheveux longs, la robe serrée par une ceinture. ramenant par l'attache le long manteau jeté sur les épaules. Les mains sont gantées.

La deuxième est une femme. coiffée de la toque à fond plat, portant sur la cotte un surcot dont les manches n'ont pas été engagées. Elle tient, des deux mains, un livre fermé.

La troisième est également une femme. La toque de même type qui la coiffe est recouverte d'un voile et sur ses épaules est jeté un manteau dont elle tient l'attache.

La quatrième est un jeune homme imberbe, les cheveux longs. Sur le poing gauche il tient un faucon. de la main droite, le leurre.

L'absence des attributs caractéristiques, soit des pleurants, soit des figures sacrées, légendaires ou symboliques. autorise à ne voir en ces quatre personnages. que de simples portraits de membres de la famille. sans doute les quatre enfants d'Adélaïs de Champagne.

Il n'en est pas de même pour le panneau antérieur occupé par un jeune homme debout et souriant dans un arbre, insouciant des monstres qui en rongent la racine.

C'est là une interprétation. presque littérale. de la légende de Barlaam, de l'homme qui ayant vu deux rats, l'un blanc, l'autre noir ronger la racine d'un arbuste. n'hésite cependant pas à y grimper pour goûter le miel qui coule de ses branches. Symbole du « plaisir trompeur du monde, par lequel l'homme se laisse séduire et qui lui cache absolument le péril qui l'environne. »

La gisante. du type habituel. les mains jointes sur la poitrine offre quelques détails de costume intéressants : la boucle du cou. la ceinture très mince avec appliques de quatre feuilles en métal, l'aumônière. Les pieds reposent sur une console ornée d'une guirlande de roses au dessous de laquelle est le petit chien traditionnel.

Adélaïs de Champagne mourut en 1187. Ce tombeau date du milieu du XIIIe siècle. époque de la reconstruction de l'abbaye. H^r 1 m. 20; L^r 2 m. 40; L^r . m. 85.

Eglise Notre-Dame de Laon.

C 72. — FAÇADE OCCIDENTALE. — *Tympan et premier cordon de la voussure de la porte centrale (Restauration).*

> Sous une arcade tréflée supportée par deux colonnes courtes, en haut-relief, le couronnement de la Vierge offrant quelques variantes avec celui de Notre-Dame de Paris. (voir plus loin).
>
> La Vierge est assise sur un trône à la droite du Christ qui la bénit ; debout, de chaque côté, un ange thuriféraire et, agenouillé, un ange tenant un flambeau.
>
> Le cordon de la voussure est décoré d'angelots porteurs de divers attributs (encensoirs, palmes, couronnes, livres, le soleil et la lune). H^r 4 m. 90 ; L^r 3 m.

C 73-74. — *Sommiers de l'archivolte extérieure du porche.*

> Têtes d'hommes accompagnées de petites figures couchées. H^r 0 m. 45 ; L^r 0 m. 95.

C 75. — *Claveau de l'archivolte extérieure du porche.*

C 76-77. — *Linteau et tympan de la porte nord (avant restauration).*

> Au centre, la Vierge tenant l'Enfant est assise sous un dais d'architecture.
>
> A sa droite, les rois Mages apportant des présents ; à sa gauche un ange debout, saint Joseph assis.
>
> Au linteau, la Nativité entre l'Annonciation et l'Annonce aux bergers.
>
> Tympan : H^r 1 m. 60 ; L^r 2 m. 45. Linteau : H^r 0 m. 95 ; L^r 2 m. 60.

C 78-80. — *Figures décorant le 1e cordon de la voussure de la porte nord. (Avant restauration).*

> Une femme debout, tenant les tables de la Loi.
>
> Deux interprétations ont été données de cette figure, fondées sur des lectures différentes de l'inscription tracée sur la face extérieure de la bordure :
>
> La Loi Divine. *Aeternæ per saecula futura.*
>
> La Sybille Erythrée. *(Adveniet) per saecla futurus.* Fin d'un vers d'un poème acrostiche qui lui est attribué par saint Augustin.
>
> Tobie et son fils ou Abraham et son fils.

Un personnage en marche les bras étendus, dans lequel on peut reconnaître Balaam, attribution confirmée par l'inscription *Ba(laa)m orietur Stella et Jacob,* dont la fin seule existe sur le moulage exposé.

H' 0 m. 92 ; L' 0 m. 52.

C 81-82. — *Partie du tympan et linteau de la porte sud. (Avant restauration).*

Le Christ est assis au milieu des Apôtres. Ses mains levées présentent les stigmates.

Sur le linteau, la Séparation des bons et des méchants. A droite de saint Michel les élus conduits par un ange. On distingue quatre apôtres pieds nus, sans doute les Evangélistes, un clerc, puis un groupe d'hommes et de femmes. A sa gauche, les damnés chassés vers le démon, un roi, un évêque, un moine, une femme pleurant, l'avare portant au cou sa bourse, dont le diable s'empare.

H' du Christ : 1 m. 40 ; L' du tympan 2 m. 40.
H' du linteau : 1 m. ; L' du linteau : 2 m. 40.

C 83-84. — Bras méridional du transept. *Figures couronnant l'un des arcs-boutants.*

Un homme courbé et appuyé sur un bâton.

Un homme assis, les jambes croisées, la tête reposant sur la main, dans une attitude contournée.

H' 1 m. ; L' 1 m.

C 85. — *Fragment d'une rose ouverte sur la face occidentale.*

Quart d'une rose festonnée dont la voussure est formée de boudins saillants et de cordons d'étoiles et de feuillages.

H' 2 m. 35 ; L' 2 m. 58.

C 86. — *Archivolte de la grande fenêtre sud.*

Suite de larges rinceaux de feuillages stylisés se répétant par claveaux.

Suite d'oiseaux de même dessin picorant les grappes d'une tige ondulée.

L' 5m.

C 87. — Façade septentrionale. *Chapiteaux, fragment de la voussure et fragment du tympan du portail.*

H' 2 m. 50 ; L' 2 m.

C. 88-89. — *Sommier et clef d'une des voussures.*

H' 0 m. 73 ; L' 0 m. 36 ; H' 0 m. 64 ; L' 1 m. 07.

C 90-91. — *Deux fragments de la frise extérieure de la lanterne.*

C 92-95. — *Quatre fragments de la frise des tribunes.*

C 96. — *Figure décorant le pignon du* CHEVET.

Un homme assis, les pieds sur un tabouret, les jambes croisées.

L'attribut qu'il tenait est brisé. On a voulu y voir une règle et il eût représenté en ce cas le maître de l'œuvre.

Il est plus vraisemblable de croire que cette figure n'est autre que celle de Salomon, tenant une main de justice. Des représentations analogues de Salomon en cette attitude existent en effet, sur d'autres cathédrales, à Léon, en Espagne, à Rouen, à Auxerre. Il était d'usage de placer cette effigie au-dessus ou près du lieu où se rendait la justice : porche ou officialité.   Hᵗ 1 m. 34   Lʳ 0 m. 66.

C 97. — *Fragment d'une gargouille.*

Petite figure d'homme en costume civil, écrasé sous les griffes d'un monstre servant de gargouille.

  Hᵗ 0 m. 48 ; Lʳ 0 m. 51.

C 98. — *Clef de voûte de la chapelle s'ouvrant au premier étage sur le bras méridional du transept.*

Du centre s'échappent des feuillages et fruits stylisés, qui s'épanouissent et viennent amortir la rencontre des deux premiers arcs. Entre les arcs, des pointes de diamant.   Hᵗ 0 m. 75.

C 99. — *Clef de voûte de la chapelle s'ouvrant au premier étage sur le bras septentrional du transept.*

Tête d'homme imberbe, encadrée d'une double couronne de feuillages stylisés.   Hᵗ 0 m. 70.

C 100. — *Chapiteaux du triforium.*

C 101. — *Série de fragments divers.*

  (*Don de M. Geoffroy-Dechaume*).

1160 à 1200.

C. 102. — *Partie du tombeau de l'évêque Jean de Salisbury* † 1180, provenant de L'ANCIENNE ABBAYE DE JOSAPHAT *à* LÈVES, *près de Chartres.*

La face principale est divisée en cinq panneaux par

des colonnettes supportant des arcades tréflées, sous lesquelles se développent de larges rinceaux de feuilles stylisées accompagnées de grappes et interprétées avec des variantes.

Aux extrémités, deux pilastres chargés de rinceaux analogues, d'échelle moindre.

Les faces latérales sont également ornées de rinceaux, mais d'une composition et d'une exécution légèrement différentes. Hr 0 m. 75; Lr 2 m. 40; L. 0 m. 75.

Église Notre-Dame de la Couture, au Mans.

C 102¹. Portail occidental. *Statue de l'Apôtre Paul décorant l'ébrasement droit.*

Nimbé, chauve, tenant l'épée.

Ses pieds, nus, reposent sur une petite figure d'homme, vêtu d'une cotte de mailles et assis à l'orientale. La tête est brisée, la main droite tenait une épée. Hr 2 m. 86.

C 102². — *Buste de l'apôtre Mathieu.*

Hr 0 m. 55.

C 102 ³ ⁴ ⁶. — *Quatre crochets de voussures.*

Crochet formé d'une tête masculine couronnée, barbue, aux cheveux longs, la gorge saisie par un monstre.

Sous le crochet de feuillage, s'abrite un petit animal, sans doute un singe, les épaules couvertes d'une pèlerine.

Crochet formé d'une grappe de raisins et de feuilles de vigne. Au dessous une bête fauve terrasse un homme dont la chevelure crépue caractérise la race.

Crochet formé d'une tête imberbe rendue grimaçante par les morsures du monstre qui l'enserre.

4° quart du XIII° siècle. Hr 0 m. 45.

C 102⁷. **Église de Mont-en-Laonnois.**

Fragment de frise du bras sud du transept.

XIII° siècle. Hr 0 m. 27; Lr 0 m. 49.

C 103-106. — **Cloitre de l'ancienne abbaye du Mont-Saint-Michel. — *Quatre écoinçons d'arcatures.***

Dans le triangle sont inscrites de grandes rosaces de feuillages variés, cantonnées de rosaces plus petites.

A la partie supérieure, formant frise, une suite de petites rosaces de feuillage, dont deux sont décorées d'animaux chimériques.

Le quatrième écoinçon présente, sur un culot mouluré,

un personnage assis, accosté de deux autres figures
debout, les unes et les autres très mutilées.

Trois dais d'architecture sont disposés au-dessus de
leurs têtes, désignées par une inscription gravée.

Mag Rog   Das Garin   Mag Johan

Ces figures semblent représenter un moine directeur de
travaux entre deux maîtres de l'œuvre.

A la partie supérieure, une suite de feuilles se répétant
forme frise.

XII° siècle. (Achevé en 1228).   H° 0 m. 90; L° 1 m. 13.

C 107. — **Cathédrale Saint-Cyr et Sainte-Julitte de
Nevers.** — *Partie du chapiteau d'un pilier de la
nef.*

Feuilles de sorbier. Double rang de crochets.

XIII° siècle.   H° 0 m. 90; L° 1 m. 40.

Cathédrale Notre-Dame de Paris.

C 108-114. — Façade occidentale. *Sept têtes de statues du
tympan et de la voussure de la porte centrale (porte
du jugement).*

Le Christ. — Anges. — Saint Jean. — Un apôtre.
Environ 0 m. 53. (La tête d'ange. — C. III est aujour-
d'hui au Musée de Cluny).

C 114¹. — *Fragment d'un claveau de voussure de la porte
centrale. Tête de femme symbolisant la mort. (Apoca-
lypse. VI, 8).*

Nue, les yeux bandés, tenant un coutelas, une femme sur
un cheval se cabrant. Derrière elle, tombant à la renverse,
un homme éventré.

(Don de M. **Geoffroy-Dechaume**.)

C 115. — *Tympan de la porte nord (porte de la Vierge).*

Ce tympan est divisé en trois registres chargés de figures
en haut-relief.

Au centre du registre inférieur servant de linteau, l'Arche d'Alliance s'encadre dans le dais qui abrite la Vierge
adossée au trumeau (non moulée). A droite, trois prophètes assis, couverts de voiles déroulent un phylactère; à
gauche, trois rois de Juda assis également, déroulent de
même un phylactère.

Entre ces statues des colonnettes soutiennent le registre
central sur lequel est figurée, non la résurrection mais la

sortie du tombeau de la Vierge. Deux anges soulèvent le suaire dans lequel elle repose les mains jointes.

En arrière, le Christ bénissant entouré des apôtres.

A la partie supérieure du tympan, le couronnement de la Vierge : Elle est assise mains jointes, à la droite du Christ, qui la bénit; sortant des nuées un ange la couronne; à droite et à gauche, des anges à genoux tiennent des flambeaux.

1210 à 1220.   H^r 7 m. 10; L^r 5 m. 75.

C 116-121. — *Six têtes de statues du tympan de la porte nord.*

Le Christ. — La Vierge (avant restauration). — Saint Pierre. — Saint Jean. — Un roi (avant restauration). — Un prophète.

H^r environ 0 m. 58.

(Don de M. Geoffroy Dechaume).

C 122-127. — *Fragments du cordon extérieur encadrant l'archivolte de la porte nord.*

Rinceaux et enroulements de feuillages, animaux fantastiques.   H^r 1m. 15; L^r 0 m. 55.

C 128-132. — *Bas-reliefs du soubassement de la porte nord.*

Panneaux carrés, abrités sous une arcature surmontés de tympans tréflés ornés de feuillages et se rattachant par le sujet représenté à la statue correspondante de l'ébrasement.

Martyre de saint Denis.

Combat d'un ange fidèle et d'un ange rebelle.

Saint Michel écrasant le dragon.

Martyre de saint Jean-Baptiste.

Martyre de saint Étienne.   H^r 1 m. 10; L^r 0 m. 54.

C 133-140. — *Bas-reliefs décorant les pieds-droits et le trumeau de la porte nord.*

Ces bas-reliefs se rapportent aux travaux et aux occupations de divers mois de l'année : Un vendangeur pressant le raisin dans une cuve. — Un jeune homme nu. — Un autre le torse nu, portant des braies. — Un semeur. — Un faucheur aiguisant sa faux. — Un moissonneur coupant des épis avec une faucille. — Un jeune homme tenant de la main droite une fleur, de la main gauche un oiseau. — Un paysan portant une botte de foin.

H^r 0 m. 77 et 0 m. 59; L^r 0 m. 39.

C. 141. — *Figure décorant le départ d'une archivolte de la porte sud. Porte Sainte-Anne*.

XIII° siècle.   H' 1 m. 15.

C. 142. — *Pentures*.

D'une tige principale se détachent à droite et à gauche trois rinceaux de brindilles, aux extrémités desquelles sont soudés des oiseaux et des dragons estampés dans des matrices d'acier.

Ces pentures sont forgées brasées et liées par des bagues aux départs des rinceaux. Des clous les fixent au vantail que recouvre un cuir teint en rouge.

XIII° siècle. — Fer forgé.   H' 1 m. 55; L' 2 m. 10.

C. 143. — FAÇADE SEPTENTRIONALE. *Statue de la Vierge au trumeau de la porte du transept. Porte du cloître*.

La Vierge porte un fermail à l'encolure, et son manteau est retenu par une ganse.

Elle tenait l'Enfant sur le bras gauche.

XIII° siècle.   H' 1 m. 77; L' 0 m. 43.

C. 143¹. — *Deux frises de feuillage*.

(Don de M. Chapot.)

C. 144. — *Série de fragments divers*.

(Don de M. Geoffroy Dechaume.)

Eglise St-Germain l'Auxerrois, à Paris.

Porche occidental. Quatre statues décorant les piédroits du portail central.

C. 144¹. — *Saint-Germain*.

L'évêque de Paris est debout, sur une petite figure accroupie. De la main droite, il tenait la crosse, de la gauche, il tient un livre.

C. 144². — *La reine de Saba dite quelquefois, à tort, la reine Ultrogothe*.

Vêtue d'une robe serrée à la taille par une ceinture d'orfèvrerie, recouverte d'un manteau qu'elle ramène de la main gauche, la reine est debout, écrasant un démon. La main droite tenait un fleuron.

C 144³. — *Le roi Salomon. (dit parfois à tort Childebert).*

> Vêtu de la robe et du manteau, il est debout sur un animal chimérique. De la main gauche il tenait un sceptre.

C 144⁴. — *Sainte Geneviève.*

> Debout sur une figure monstrueuse, la sainte tient, de la main droite un livre fermé et relève les plis de son manteau. Dans la main gauche était un attribut disparu.
> Milieu du XIII siècle.   Hᵗ 1 m. 80.

Cathédrale Notre-Dame de Reims.

> Elevé de 1240 à 1260 environ le portail de Reims est l'œuvre de maîtres divers, exécutée à différentes dates du XIIIᵉ siècle. et ne présente pas l'unité des portails latéraux de Chartres.
> De ces sculpteurs quelques-uns avaient le style simple du gothique primitif, d'autres adoptèrent la manière plus réaliste du gothique secondaire, d'autres enfin, rallièrent les deux tendances. Des copies de statuaire antique achèvent de donner à ces sculptures une grande variété de caractère.

C 145. — FAÇADE OCCIDENTALE. *Figure décorant l'ébrasement de la porte centrale.*

> Le grand prêtre Abiathar.
> Cette figure fait partie du groupe de la Purification, composé de la Vierge, de saint Siméon, de sainte Anne et de saint Joseph.   Hᵗ 3 m. Lᵣ 1 m.
> Comme les deux suivantes cette figure porte des traces manifestes de l'influence Gréco-Romaine.

C 146. — *Groupe décorant l'ébrasement sud de la porte centrale.*

> La Visitation.
> La Vierge et sainte Elisabeth drapées à l'antique procèdent évidemment de figures grecques, telles que les prêtresses du Musée Britannique et présentent une grande analogie avec deux statues de la cathédrale de Bamberg. (Voir section étrangère). qui datent de 1280 environ et en sont certainement inspirées.
>   Hᵗ 3 m. 10 ; Lᵣ de chaque fig. 1 m.

C 147. — *Buste de la Vierge.*

> *(Voir le numéro précédent).*   Hᵗ 0 m. 80.

C 148. — *Figure de femme adossée au trumeau entre la porte centrale et la porte nord.*

> La reine de Saba.
> Cette statue a été très gravement mutilée en 1914 par les Allemands: qui ont détruit ou mutilé plus de 70 figures de la cathédrale.   H' 3 m. 40; L' 0 m. 85.

C 149. — *Figure d'homme adossée au trumeau entre la porte centrale et la porte sud.*

> Le roi Salomon.
> Très différentes d'exécution des statues C 145 et 146 ces deux figures sont caractéristiques du style du XIII° siècle.
> H' 3 m. 40; L' 0 m. 85.

C 150-160. — *Hauts-reliefs décorant les pieds-droits.*

> C 150. — Personnage assis, la barbe et les cheveux longs, la main gauche levée, semblant enseigner.
> C 151. — Personnage assis, la barbe et les cheveux longs, déroulant un phylactère.
> C 152. — Personnage barbu, coiffé d'une calotte, la tête appuyée sur la main droite, le bras sur l'accoudoir d'une stalle et semblant représenter un prophète en méditation.
> C 153. — Personnage imberbe, à cheveux frisés, assis sur un cep de vigne au milieu des pampres, la tête appuyée sur la main gauche.
> Sa mise est négligée, ses pieds sont nus (Noé).
> C 154. — Chevalier armé portant un écu au lion rampant.
> C 155. — Une femme en marche, les cheveux flottants et couverte d'un voile. Les bras levés et ajustés par des tenons ont disparu et aucun attribut ne permet de l'identifier (la Prophétesse Marie jouant du tambourin).
> C 156. — Personnage, couvert d'un manteau à capuchon, debout devant une cheminée dans laquelle est placé un petit brasier muni d'anneaux (l'Hiver).
> C 157. — Edicule dont les portes ouvertes, à pentures, laissaient apparaître une figure ou un objet aujourd'hui détruit.
> C 158-159. — Anges debout, tenant l'un, un phylactère, l'autre, un attribut détruit.
> C 160. — Chérubin, debout.   H' 0 m.55; L' 0 m. 42.

C 161. — *Corbeau supportant une extrémité du linteau de la porte nord.*

> Ange agenouillé, les ailes ouvertes.   H' 0 m. 55.

C 161 [1-2]. — *Têtes de statuettes décorant la voussure de la porte nord.*

> Jeune homme imberbe coiffé d'un bonnet.
> Homme barbu coiffé d'une calotte.   H[r] 0 m. 20.

C 162-163. — *Bustes de statues décorant les ébrasements de la porte sud.*

> Le pape saint Sixte.
> Saint Siméon. — A sa poitrine adhère le nimbe cruci-fère du Christ qu'il porte dans ses bras.
> H[r] 0 m. 90 et 0 m. 60.

C 163[1]. — *Tête d'une statue de la voussure de la rose.*

> Bethsabée couronnée.   H[r] 0 m. 30.

C 164. — **Bras septentrional du transept.** *Fragment du trumeau de la porte est.*

> Ce fragment servant de socle à une statue du Christ bénissant est décoré d'un bas-relief dit « Bas-relief des drapiers ».
> On y voit, en effet, de gauche à droite : la coupe, l'au-nage et la vente des draps, une arrestation. et enfin, un groupe de donateurs devant une statue de la Vierge.
> Ce monument est un des ex-voto de la Corporation des drapiers et la légende veut qu'il ait été offert à titre d'a-mende pour vente à fausse mesure. On peut aussi n'y voir qu'un ex-voto général de toute la corporation dans lequel les amendes ne seraient entrées que pour une certaine part.   H[r] 1 m. 60 ; L[r] 0 m. 58.

C 164 [1]. — *Tête d'une statuette décorant le portail nord.*

> Homme imberbe probablement un clerc.   H[r] 0 m. 24.

C 165. — *Bas-relief occupant la partie est du linteau de la porte centrale.*

> Porté par deux consoles à figurines, ce linteau est cou-ronné d'une arcature tréflée.
> Au centre, l'archevêque de Reims, saint Nicaise, est décapité par les Vandales, malgré les supplications de sa sœur, sainte Eutropie.
> A gauche, à genoux, il dépose sa tête sur un autel abrité sous un ciborium.
> Un angelot, sortant des nuées, couronne le martyr, un ange debout les ailes déployées, l'encense.
> A droite dans une chaire également abritée sous un dais, se tient un personnage debout, dans l'attitude de la prière.
> H[r] 2 m. 30 ; L[r] 3. m. 03.

C 166. — *Figure située à l'ouest de la grande rose.*

Ève, vêtue, debout adossée à une colonne, tenant dans ses bras, un dragon, qui est le serpent tentateur, reconnaissable à la pomme qu'il tient dans la gueule.

La console qui la supporte est décorée de feuillages largement traités. Hʳ 4 m. 20 ; Lʳ 0 m. 65.

C 167. — *Statue abritée sous la niche du 1ᵉʳ contrefort, à l'est de la rose.*

Un roi.

Couronné, les cheveux longs, imberbe, il est debout tenant de la main gauche l'attache de son manteau, de la droite un sceptre (détruit). Hʳ 3 m. 55 ; Lʳ 1 m.

C 168. — *Main d'une statue d'homme des niches des contre-forts.*

C 169. — *Claveau de la voussure de la rose.*

Adam et Ève.

Assise au pied de l'arbre sur lequel le serpent mord une pomme, Ève en mord une autre et en présente une troisième à Adam. Hʳ 0 m. 95 ; Lʳ 0 m. 85.

C 170-173. — Façade septentrionale. *Corbeaux.*

Têtes d'hommes et de femmes, en costume civil. Hʳ 0 m. 65 ; Lʳ 0 m. 65.

C 174. — Bras méridional du transept. *Buste de la figure située à l'est de la grande rose.*

En opposition avec la statue située à gauche de la rose et personnifiant la Religion chrétienne, l'Église, une femme, les yeux bandés, la couronne inclinée et prête à tomber, symbolise la Religion juive, la Synagogue. Hʳ 1 m. 18 ; Lʳ 0 m. 85.

C 175. — *Fragment du socle de la statue de l'Église.*

Cette statue a été abattue et en grande partie détruite par les Allemands. Hʳ 0 m. 55.

C 176. — *Figure d'amortissement du cordon extérieur de la rose.*

Hʳ 0 m. 80 ; Lʳ 0 m. 80.

C 177. — Façade méridionale. *Figure servant de support à la galerie supérieure.*

> Imberbe, les cheveux longs, un homme courbé, les deux bras au-dessus de la tête semble soutenir le poids de la galerie supérieure. Hʳ 1 m. 80; Lʳ 0 m. 80.

C 178. — *Buste d'une figure servant de support à la galerie supérieure.*

> Hʳ 0 m. 50; Lʳ 0 m. 60.

C 179-191. — *Crochets de corniche.*

> Hʳ 0 m. 45.

C 192. — *Tête d'une gargouille.*

> Hʳ 0 m. 50; Lʳ 0 m. 60.

C 193-198. — *Fragments d'ornementation de la frise, des larmiers et des pinacles des contreforts de la nef.*

C 199. — *Figure d'ange adossée à un contrefort des chapelles de l'abside.*

> Hʳ 2 m. 50; Lʳ 2 m.

C 200. — *Petite tête de femme.*

> (*Don de M. Pol Nereux*). Hʳ 0 m. 22.

C 201. — *Chapiteau et base d'un pilier de la nef, côté sud.*

> Pilier cylindrique cantonné de quatre colonnes de diamètre très inférieur. Afin de conserver le même rapport de proportions entre les cinq chapiteaux, les quatre petits ont été augmentés, à leur partie inférieure, d'une frise ornée des mêmes feuillages, auxquels se mêlent des animaux réels ou fantastiques.
>
> Aux bases, griffes de feuillage.
>
> Chapiteau ; Hʳ 3 m. 87; Lʳ 2 m. 88. Base Hʳ 1 m. 65; Lʳ 3 m.
>
> La hauteur du fût du pilier entre la base et le chapiteau est de 9 m. 10.

C 201¹ — *Frise constituant la partie inférieure d'un chapiteau de la croisée du transept au sud-est.*

> Deux dragons affrontés, séparés par un cep de vigne. Hʳ 0 m. 48; Lʳ 0 m. 48.

C. 202. C. 202 *bis*. — *Chapiteaux du triforium.*

Hr 0 m. 82; Lr 0 m. 55.

C. 203. — *Chapiteau d'un pilier de la chapelle de la Vierge.*

Hr 1 m. 62; Lr 1 m. 10.

C. 203¹. — *Tête de jeune fille trouvée dans les fondations du jubé.*

Cette pièce semble avoir été mise au rebut avant complet achèvement. Hr 0 m. 35.

Fragments provenant de l'Église Saint-Nicaise (détruite après la Révolution).

C. 203². — *Détail du soubassement du portail.*

Semis de feuilles stylisées, traitées en méplat, disposées régulièrement et analogue à celui qui décore les soubassements de N.-D. d'Amiens et de Saint-Jean-des-Vignes de Soissons. Hr 0 m. 44; Lr 0 m. 45.

C. 203³. — *Chapiteau.*

Deux rangs de feuilles détachées, appliquées en alternance sur la corbeille. Hr 0 m. 48.

C. 203⁴. — *Corniche.*

Feuilles détachées appliquées sur la gorge.
XIIIe siècle. Hr 0 m. 55.

Cathédrale Notre-Dame de Rouen.

C. 204. — FAÇADE OCCIDENTALE. *Portail nord (portail Saint-Jean).*

Les quatre voussures, sont formées de claveaux évidés et leur décoration se répète en alternance.

Les uns, aux angles abattus en biseau, présentent de petits dessins géométriques découpés et creusés; les autres, de délicates fougères au feuillage ajouré, laissant paraître les palmettes sculptées au fond de la gorge.

Aux pieds-droits deux larges pilastres couverts de rinceaux, mutilés pour donner place au tympan, et six colonnettes dont les chapiteaux de feuillage supportent la retombée des voussures.

Le tympan, substitué à un premier tympan qui ne portait probablement que des sculptures d'ornement, est divisé en deux registres.

En haut-relief, dans la partie inférieure, Salomé dansant sur les mains devant Hérode.

La décollation de saint Jean-Baptiste.

Et dans la partie supérieure, les disciples de saint Jean l'Evangéliste recevant ses adieux au moment où il entre dans son tombeau pour y mourir.

Vers 1200 et vers 1300. H^r 10 m. 40; L^r 7 m. 10.

Des travaux de dégagement ayant mis à jour les extrémités nord du soubassement et des archivoltes, le moulage exposé a été alors complété.

C 205. — *Sommier d'une archivolte.*

(*Voir le numéro précédent*). H^r 1 m. 20; L^r 0 m. 55.

C 206. — *Fragment de rinceau.*

(*Voir le numéro précédent*). H^r 1 m. 20; L^r 0 m. 57.

C 207. — *Fragment d'un chapiteau d'un pilier du chœur.*

H^r 1 m. 60.

C 208. — *Extrémité d'une tige de penture.* (*Portail Saint-Jean*).

Cathédrale Notre-Dame de Sées.

C 209. — *Chapiteaux et crochets. — Redents. — Grandes et petites rosaces. — Rosaces tréflées. — Fragments de frises. — Ecoincons. — Culs de lampe. — Fragments divers.*

XIIIe et XIVe siècle.

Eglise Notre-Dame de Semur (Côte-d'Or).

C 209[1]. — Façade nord. *Gargouille d'un contrefort.*

Gargouille composée d'une simple conduite cylindrique dont la face seule est ornée. (Cep de vigne).

Une tête grimaçante amortit le pignon du contrefort sur lequel elle est placée.

C 209ª — **Façade nord.** *Motif central d'un fénestrage.*

Deux figurines grotesques, superposées, amortissent le départ des arcs. Hʳ 1 m. 57.

C 209ᵇⁱˢ — **Façade nord.** *Trois consoles.*

Figurine accroupie, en costume civil. Têtes grimaçantes.

C 209ᶜ — **Bras nord du transept.** *Motif d'ensemble de la galerie du triforium.*

Couronnant un fût de colonnette de faible diamètre, un chapiteau à crochets épanouis, se termine par un large masque en encorbellement décoré d'un cep de vigne, et portant le faisceau de colonnettes qui sépare les travées du triforium.

Les arcs sont surbaissés et tréflés et un buste en haut relief amortit leurs retombées, au-dessus des chapiteaux à crochets.

L'allège est pleine et nue. Lʳ 3 m. 60; Hʳ 3 m. 70.

C 209ᵈ ᵉᵗ ᵉ — **Bras nord du transept.** *Chapiteaux et départs d'arcs de la galerie du triforium.*

Chapiteaux de type varié, crochets de feuillage dragons et animaux fabuleux. Têtes masculines et féminines, portant la coiffure de l'époque.

C 209ᶠ ᵍ ʰ — **Chœur.** *Culs-de-lampe formant retombées des arcs intérieurs des fenêtres.*

Deux têtes masculines, une féminine.

Figurine nue, assise à l'orientale, la tête appuyée sur la main.

C 209¹⁵. — **Chœur.** *Cul-de-lampe formant retombée d'un meneau.*

La femme aux serpents. Une femme accroupie, offrant ses seins à la morsure de deux monstres qu'elle tient sur ses genoux, symbolise la Luxure. Hʳ 0 m. 50; Lʳ 0 m. 58.

Cathédrale Saint-Etienne de Sens.

C 210. — **Façade occidentale.** *Trumeau de la porte centrale.*

Adossé au trumeau saint Etienne, tient le Livre des Evangiles.

Les faces latérales sont couvertes de rinceaux de pam-

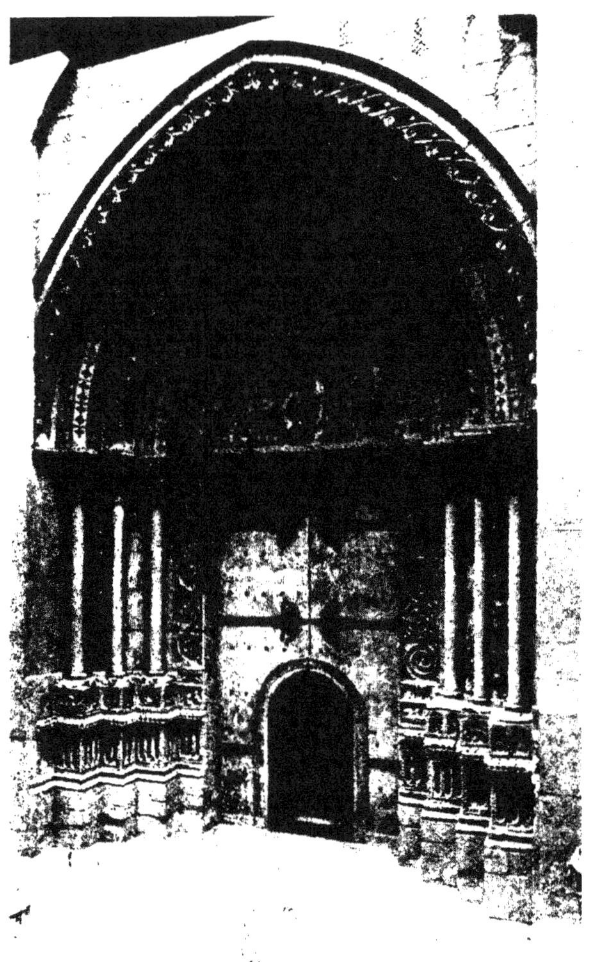

C. 204. — CATHÉDRALE DE ROUEN.
Façade occidentale. Portail Saint-Jean (XIIe et XIIIe siècles).

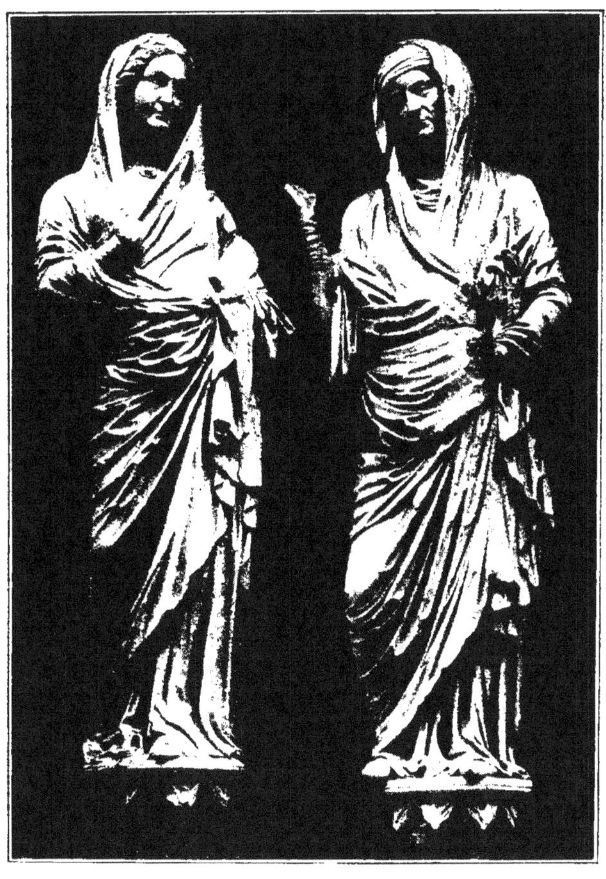

C. FIG. — CATHÉDRALE DE REIMS.

Façade occidentale : groupe de l'ébrasement droit de la porte centrale : — LA VISITATION —
XIIIᵉ *siècle*.

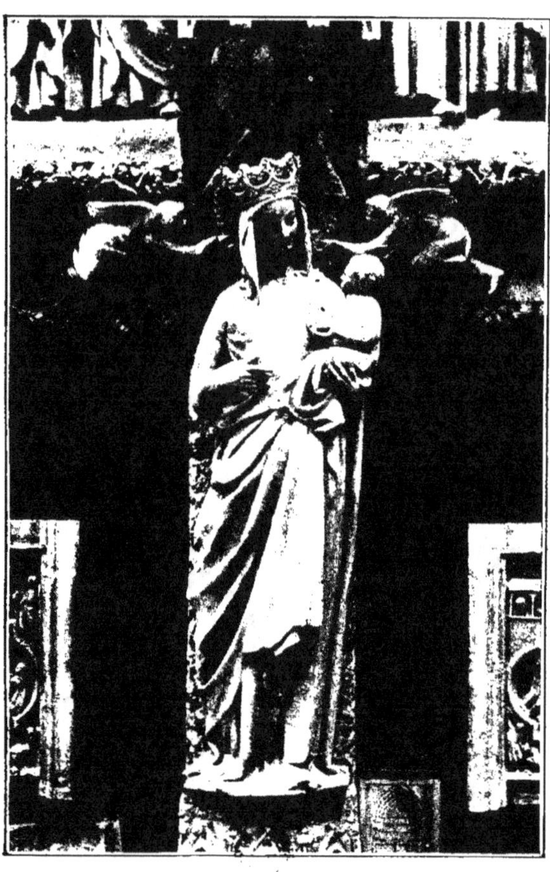

D. L. — CATHÉDRALE D'AMIENS.

La Vierge dorée. Portail du bras sud du Transept (XIVe *siècle*).

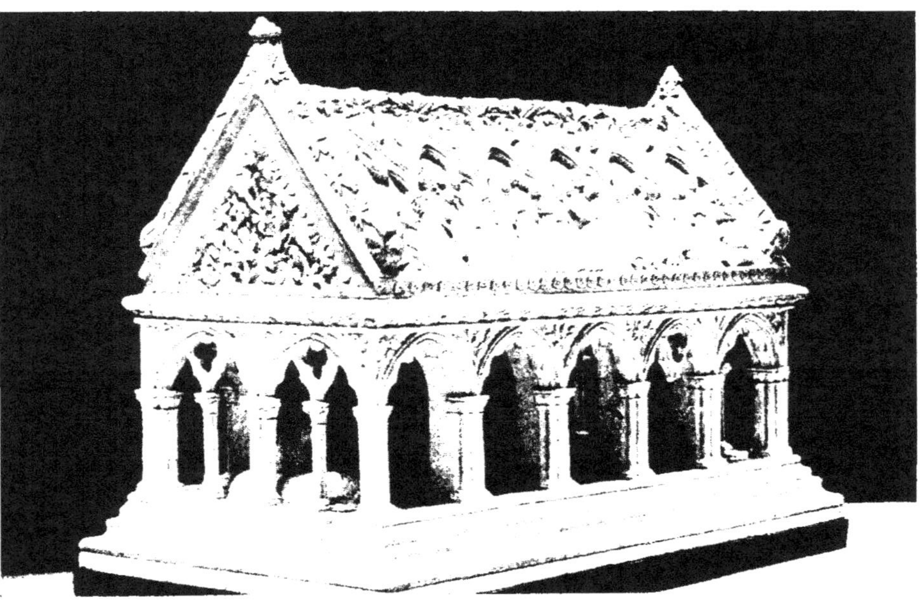

D. 4. — EGLISE D'AUBAZINE (Corrèze).
Tombeau de Saint Etienne (XIIIe *siècle*).

pres et autres feuillages, de petites figures. bateleur. vignerons et de divers oiseaux, réels ou chimériques.

A la partie inférieure du parement de droite, un personnage demi-nu et un paysan foulant le raisin, représentation
semblant indiquer un ex-voto des vignerons.

Lorsque la cathédrale devint temple décadaire, cette
statue fut seule épargnée, à cause du livre qu'elle porte :
on y peignit cette inscription encore lisible sur l'original :
LE LIVRE DE LA LOI.

C 211. — *Bas-relief d'un pied-droit.*

Debout sous une arcature tréflée. une Vierge sage.

H^r 0 m. 80.

C 212. — *Bas-relief du soubassement.*

Un personnage assis, déroulant un phylactère. — (La
Dialectique..?)

Une figure monstrueuse, un homme à la renverse, tient
lovée sa jambe unique à pied démesuré, c'est le cipode des
bestiaires.

Vers 1200. H^r 1 m. 45 ; L^r 0 m. 42.

Cathédrale Notre-Dame de Strasbourg.

C 212 ¹ — BRAS SUD DU TRANSEPT. *Tympan du portail de gauche.*

Serti de pampres, ce tympan, plein, cintré, est évidé en
niche et abrite la scène dite de la Dormition de la Vierge.
En arrière du lit funéraire, le Christ bénit la Vierge et
tient une figurine représentant l'âme de sa mère.

Autour de lui sont groupés les Apôtres dont deux soulèvent le corps enveloppé du Suaire.

Au premier plan, la Madeleine assise, se tord les mains
de douleur. H^r 1 m. 35 ; L^r 2 m. 05.

C 212². — BRAS SUD DU TRANSEPT. *Figure adossée à l'ébrasement du portail de droite.*

Debout, un bandeau sur les yeux. la tête baissée, la
Synagogue laisse tomber les Tables de l'ancienne Loi et
tient un étendard dont la hampe est brisée. H^r 1 m. 90.

C 212³ (ancien I. 25) — BRAS SUD DU TRANSEPT. *Partie médiane et inférieure du pilier des Anges.*

Abrités sous des dais. portés sur des chapiteaux. ornés
de leurs symboles. les quatre Évangélistes sont debout.
adossés au pilier, et déroulent des phylactères.

3

Au-dessus de leurs têtes, quatre grandes Statues d'anges sonnent de la trompe. A la partie supérieure (non moulée) le Christ, un groupe de morts sortant du tombeau et trois anges tenant les instruments de la Passion.

2° quart du XIII° siècle (entre 1230 et 1250).

H² 8 m. 40; L² 2 m.

Ancienne église abbatiale de Saint-Denis.

C 213. — *Statue funéraire de Philippe, ou Dagobert, frère de saint Louis* (né en 1222).

La tête appuyée sur un coussin que soutiennent deux angelots thuriféraires, le prince est étendu, les mains jointes, les pieds posés sur un lion qui tient un cuissot entre ses griffes.

La dalle funéraire présente les traces d'une bordure incrustée de fleurs de lis et de disques qui devaient être des verroteries.

Cette statue et la suivante provenant de l'abbaye de Royaumont, fondée par saint Louis, furent transportées à Saint-Denis en 1791.

2° moitié du XIII° siècle. H² 1 m. 83.

C. 214. — *Statue funéraire de Louis, fils aîné de saint Louis ✝ 1260*.

Le prince, les mains jointes, la tête appuyée sur un coussin, les pieds sur un lévrier, est couché sous une arcature trèflée couronnée d'un gable que supportent deux colonnettes posées sur des masques feuillus formant corbeaux.

(*Voir le numéro précédent*.)

2° moitié du XIII° siècle. H² 1 m. 92; L² 0 m. 90.

C. 215. — *Statue funéraire de la reine Constance d'Arles ✝ 1032, fille de Guillaume, comte de Provence, et femme de Robert le Pieux.*

La couronne posée sur un voile retombant sur les épaules, vêtue d'un surcot à ceinture et d'un manteau à sous-garde qu'elle relève de la main droite, la reine est étendue, tenant de la main gauche un livre d'heures.

2° moitié du XII° siècle. H² 2 m. 40; L² 1 m. 31.

C. 216. — *Statue de Nantilde, femme de Dagobert I°.*

Cette statue qui fait partie du monument funéraire élevé

à Dagobert Ier, est placée aux pieds du gisant, en pendant avec la statue de son fils Clovis II.

XIIIe siècle.   H^r 1 m. 20.

(*Don de M. Geoffroy-Dechaume*).

C 217. — *Tête de la statue de Clovis II.*

Dans les restaurations de 1816, cette tête (aujourd'hui disparue) avait été adaptée au corps de la reine Nantilde.

XIIIe siècle.   H^r 0 m. 24.

(*Voir le numéro précédent*).

(*Don de M. Geoffroy-Dechaume*).

C 218. — *Série de fragments divers.*

Parmi ces fragments, un petit personnage couché, plusieurs têtes de démons, deux pieds, etc., proviennent du tombeau de Dagobert Ier.

(*Voir les numéros précédents*).

XIIIe siècle.   (*Don de M. Geoffroy-Dechaume*).

C 218¹. — *Fragments du pavement du chœur de la* **Cathédrale de Térouanne** (Pas-de-Calais) *exécuté dans les ateliers de Marquise entre* 1270 *et* 1285, *date du pontificat de Louis des Murs, évêque de Térouanne donataire.*

La cathédrale et la ville de Térouanne furent détruites en 1553 par ordre de Charles-Quint. Des fouilles exécutées de 1899 à 1903 ont fait retrouver ces débris que le propriétaire, M. de Bayenghem, a donné pour la plupart au Musée de Saint-Omer.

Deux fragments (marquis +) sont conservés au Musée de Douai et proviennent de Saint-Omer.

Pierre incrustrée de mastic.

Estampages exécutés et donnés par M. C. Enlart.

Eglise de Saint-Etienne de Toul.

C 219. — *Siège de pierre connu sous le nom de « Chaire de Saint-Gérard ».*

Cette chaire que la légende fait remonter à saint Gérard, évêque de Toul au Xe siècle, ne date que de la première moitié du XIIIe.

La crète du dossier et les accoudoirs sont chargés d'une masse de feuillage très large, épousant la forme générale et venant reposer à l'avant sur deux colonnettes.

Les faces latérales — rectangles encadrés d'une course

de rosaces ou de feuilles dentelées — sont couvertes
d'un semis de fleurs à quatre pétales disposées régulièrement et analogues à celles qui décorent le soubassement
de la façade occidentale de la cathédrale d'Amiens.

Sur la face antérieure, le même semis sans bordure.

La tablette, très basse, était destinée à recevoir un
coussin.

Première moitié du XIIIe siècle.   H^r 1 m. 02; 0 m. 85; 0 m. 50.

Cathédrale Saint-Pierre de Troyes.

C 220. — Façade nord. *Fragment de corniche du portail
du transept.*

XIIIe siècle.   H^r 0. m. 20; L^r 0 m. 65.

Église Saint-Maurice, à Vienne.

C 221. — *Deux chapiteaux de colonnes d'angle, à l'entrée
du chœur.*

Crochets de feuillage.
Crochets formés de têtes d'hommes et d'animaux.
XIIIe siècle.   H^r 0 m. 40.

C 222. — *Série de fragments d'ornementation de provenances diverses.*

XIIIe siècle.   *Legs du Sculpteur A. Rodin.)*

C 223. — *Série de griffes de bases de provenances diverses.*

XIIIe siècle.   *Legs du Sculpteur A. Rodin.*

STYLE GOTHIQUE SECONDAIRE

Cathédrale Notre-Dame d'Amiens.

D 1. — Bras méridional du transept. *Trumeau et linteau de la porte Saint-Honoré.*

Adossée au trumeau, abritée sous un dais, la Vierge est debout, légèrement infléchie. Souriante, elle porte sur le bras gauche son fils qui tient le globe du monde.

Trois angelots soutiennent au-dessus de sa tête un nimbe cannelé en spirale et bordé de pierreries.

Cette statue connue sous le nom de *Vierge dorée,* date du xive siècle et occupe une place destinée sans doute en principe à une figure de saint Honoré.

Sur le soubassement, protégés par des niches tréflées, saint Honoré et ses disciples.

Au linteau, sur une frise de feuillages, abrités par un long dais formé d'arcades trilobées, les douze apôtres, en ronde bosse, portant des livres ou des phylactères. Le dernier personnage à droite du spectateur, vêtu d'une dalmatique, portant un lambel, serait, suivant certains commentateurs, non le douzième apôtre mais saint Honoré lui-même.

xiiie et xive siècle.   Hr 6 m. 65 ; Lr 3 m. 64.

D 2. — *Personnage décorant l'extrados de la rose.*

Une suite de figures, que séparent des fleurons sont disposées autour de la rose, qu'elles semblent gravir, interprétation de l'allégorie bien connue de la Roue de Fortune (cf. Saint-Etienne de Beauvais, xiie siècle).

Fin du xiiie siècle ou commencement du xive.

Hr 0 m. 50 ; Lr 1 m. 10.

D 3. — *Masque funéraire de femme, de provenance indéterminée, conservée au musée d'Arras.*

> Première moitié du XIV* siècle. — Marbre. . H* 0 m. 25.
> Œuvre d'un sculpteur d'une habileté peu commune. cette tête. de face en très bas relief. a néanmoins une expression d'absolue vérité. C'était une pièce de rapport. destinée à être incrustée probablement dans une statue en marbre noir de Tournai.

Église d'Aubazine (Corrèze).

D 4. — *Tombeau de saint Étienne.*

> Ce tombeau. véritable châsse avec son toit à deux rampants. fut élevé pour recevoir les cendres du vénéré saint Étienne, né à Viel-Jo vers 1085, mort à Aubazine en 1159.
> Vêtu de ses habits sacerdotaux. le fondateur de l'abbaye est étendu. les mains croisées sur la poitrine. la tête appuyée sur un coussin.
> Les mutilations de cette belle figure sont l'œuvre non d'iconoclastes malveillants. mais de fidèles crédules attribuant des vertus curatives à la poussière. de l'effigie du saint.
> Le toit. repose sur des arcades géminées à jour. six à gauche. cinq à droite. portées sur des faisceaux de colonnettes. Les chapiteaux et les écoinçons sont décorés de feuillages au milieu desquels. sur deux d'entre eux. apparaissent une tête d'homme et des oiseaux. La corniche est couverte de petites feuilles et de roses. Sur chaque rampant. six arcades tréflées sont couronnées de gâbles entre lesquels sont disposés des angelots portant les divers accessoires de la liturgie funéraire, livres, encensoirs. flambeaux, goupillons. Dans une même ordonnance, sur chaque face, mais à deux moments. — dans la vie terrestre et après la résurrection — en procession. les religieux de l'ordre de Cîteaux. hommes et femmes. à leur rang hiérarchique, abbés. frères de chœur. convers, religieuses et frères lais, conduits par saint Étienne. se tournent vers la Vierge et l'Enfant, assis sous la première arcature.
> Les frontons des extrémités sont décorés aux pieds, de pampres et d'oiseaux. à la tête de trois arbres. un poirier. un chêne et un cerisier.
> Une crête de feuillage d'érable couronne les pignons et le comble.
> 2* moitié du XIII* siècle.   H* 1 m. 95; L* 1 m. 55.

Ancienne cathédrale Saint-Étienne d'Auxerre
(Église Saint-Étienne).

La façade date en partie du XIIIe siècle et pourrait avoir été commencée en même temps que le chœur, ce qui s'est produit dans différentes églises (Amiens, Mantes).

Dans les fragments moulés, le profil des bases appartient nettement au XIIIe siècle, l'architecture des niches présente les caractères de la même époque. Mais les bas-reliefs qui — au portail central — se placent entre ces niches et les bases, et l'architecture qui les encadre ont non moins nettement les caractères du XIVe siècle.

On en peut conclure que le soubassement ayant sans doute paru trop nu, ces bas-reliefs ont été sculptés après coup.

Cette hypothèse est confirmée par le manque d'accord qui existe entre l'appareil et la composition décorative.

D 5. — FAÇADE OCCIDENTALE. *Bas-reliefs décorant la partie inférieure du soubassement du portail et de la tour nord.*

La Création.

a. b. La terre et les eaux.	Genèse I.	9. 10.
c. Le soleil, la lune, les étoiles.	—	14. 15. 16.
d. Les plantes, les animaux.	—	11. 20. 24.
e. L'homme.	—	26. II. 7.
f. La femme.	—	II. 18. 21. 22.

Le Péché originel.

g. L'Eternel donnant ses ordres à l'homme. — II. 15. à 17.

En contradiction avec le texte de la Genèse, la femme figure à côté de l'homme devant l'Éternel.

h. La tentation et la faute. — II. 25. III. 1 à 6

Adam porte la main droite à son cou et il semble présenter le fruit de la main gauche.

i. Les reproches de l'Éternel. — 9. 10. 11. 12. 13 et suivants

j. L'archange chasse Adam et Eve de l'Eden. 23. 24.

Caïn et Abel.

k. Les sacrifices de Caïn et d'Abel. — IV. 2. 3. 4. 5

l. Le meurtre d'Abel.   Genèse IV. 8.

L'instrument (brisé) dont se
sert le laboureur Caïn pour frapper son frère semble être un joug.

m. Caïn reçoit la malédiction
divine.

n. Caïn est tué accidentelle-
ment par son neveu Lamech
Légende rabbinique).

Dimensions moyennes des quatrefeuilles 0 m. 75;

L 0 m. 62.

D 6. — *Haut-relief décorant le soubassement sud du
portail central.*

Sous une arcature en tiers-point encadrée de pinacles et
d'angelots, Salomon et la reine de Saba sont assis, tournés
l'un vers l'autre.

Le fond de la niche est décoré de deux arcades tréflées
et d'un quatrefeuilles d'où sort une figure d'ange très
mutilée.   H^r 1 m. 98; L^r 1 m. 60.

D 7. — *Bas-reliefs décorant la partie inférieure du
soubassement sud du portail central.*

La parabole de l'Enfant prodigue (St-Luc, XV. 11 à 32.)

On trouve dans un vitrail de la cathédrale de Bourges
une suite analogue de médaillons consacrés au même
sujet.

L'enfant prodigue quitte la maison paternelle et part
à cheval accompagné d'un serviteur.

Sur le seuil d'une maison deux femmes le reçoivent.

L'enfant prodigue à table, entre deux courtisanes.

Scène d'étuve.

L'enfant prodigue est assis sur un trône, deux courtisanes
le couronnent de fleurs.

Ruiné, dépouillé de ses vêtements, ne conservant plus
que les braies, il est chassé par les courtisanes, qui le
frappent d'une sorte de battoir probablement perche à
faire les lits.

L'enfant prodigue gardant les pourceaux.

Le retour à la maison paternelle.

L'apprêt du veau gras.

Danses en l'honneur de l'enfant prodigue.

Le festin de famille.

Les médaillons intermédiaires, sans rapport direct avec
le sujet principal représentent :

Job sur son fumier.

David sous l'aspect d'un berger antique, choisissant au
bord du ruisseau les cailloux dont il armera sa fronde.

Un guerrier antique sonnant de la trompe.

Une femme debout, drapée, aux prises avec deux dragons qui lui mordent les seins.

Une sirène et aux angles un bouc, une autruche, le démon de la Luxure, à queue de coq, le lai d'Aristote, des têtes de profil.   H^r 1 m. 60.

D 8. — *Détail du soubassement du portail central.*

L'amour endormi. (Interprétation d'un motif classique).
                                                    H^r 0 m. 62.

D 9. — *Bas-reliefs décorant la partie inférieure du soubassement nord du portail central.*

Disposés sans tenir un compte exact de l'ordre chronologique des faits, ces bas-reliefs retracent les divers épisodes de la vie de Joseph.

Deux des songes de Joseph, les gerbes, les astres.

Dépouillé de ses vêtements, Joseph est jeté par ses frères dans une citerne.

Tiré de la citerne il est vendu à des Ismaélites qui l'emmènent en Egypte.

Les marchands.

La tunique sanglante de Joseph est présentée à son père Israel.

Lamentations d'Israël.

Joseph emmené en Egypte.

Joseph et la femme de Putiphar.

Le songe des vaches grasses et des vaches maigres.

Joseph sortant de prison.

Joseph devant Pharaon.

La coupe trouvée dans le sac de Benjamin.

Parmi ces bas reliefs on distingue deux figures copiées de l'Antique, qui semblent étrangères au sujet.

Hercule et le lion de Némée.

Un homme nu se couvrant d'une peau de bête. Il semble tenir une gerbe d'épis.   H^r 1 m. 06.

D 10. — *Fragments de fleurs de lys.*

Ces fleurs de lys, aujourd'hui brisées alternaient avec des châteaux de Castille dans les bandes losangées qui encadrent l'histoire de Joseph.

D 11-12. — *Hauts-reliefs décorant les soubassements du portail sud.*

L'histoire de David et de Bethsabée.

Six arcades tréflées à pignons aigus en abritent les épisodes.

Caché derrière une colonnette, David regarde Bethsabée demi-nue sortir du **bain** et recevoir les soins d'une servante. — Urie accompagné d'un écuyer s'éloigne à cheval. — Il est frappé à mort devant la porte de Rabba, capitale des Ammonites. — David et Bethsabée debout se donnant la main. — David et Bethsabée, assis **sur** le trône et tournés l'un vers l'autre.

Au-dessus entre les gables les sept **Arts** libéraux : *Trivium*. Grammaire Dialectique Rhétorique; *Quadrivium* Arithmétique Géométrie Astronomie, Musique, symbolisés par des figurines de femmes.

H^r 1 m. 98; L^r 2 m. 40.

D 12 *bis*. — *Bas-relief décorant le soubassement du portail sud*.

Cette composition, en médaillons ou demi-médaillons semble exécutée d'après un carton de vitrail.

Elle est consacrée à divers épisodes de l'histoire de David :

En haut : David gardant les troupeaux. — David jouant de la harpe devant Saül.

Au centre : L'ange parlant à Samuel. — David devant Goliath. — Michol aidant David à quitter la ville.

En bas : Samuel sacrant David. — David coupant la tête de Goliath. L^r 1 m. 90; H^r 0 m. 80.

D 13. — *Fragments du pied-droit et du linteau du portail sud du* TRANSEPT.

Au linteau, sous une arcature une figure de prophète tenant un phylactère et les clous de la Passion.

Dans la gorge inférieure, une suite de têtes variées, réelles ou chimériques.

Un ange, portant un livre, forme corbeau.

H^r 1 m. 55; L^r 0 m. 85.

D 14. — *Détail d'un socle de statuette*.

Chien en arrêt. H^r 0 m. 15; L^r 0 m. 31.

Intérieur du bras sud du TRANSEPT.

D 15-18. — *Quatre consoles*.

Femme nue, assise sur un bouc. Symbole de la Luxure.

Un clerc assis, la tête appuyée sur la main. Symbole de la Paresse ?

La vue d'un jeune homme lutinant une jeune femme semble provoquer la colère d'un chanoine.

Aux abaques, courses de plantes grimpantes. brionne, liseron. lierre. H^r 0 m. 60.

D 19. — *Amortissement de gâbles au revers du pignon sud
du* TRANSEPT.

> Tête de jeune fille, les cheveux dénoués.   Hʳ 0 m. 40.

Cathédrale de Bayeux.

D 20. — *Rosaces décorant la paroi intérieure du bras sud
du* TRANSEPT.

> Dans un quatrefeuilles mouluré sont inscrites cinq
> rosaces de feuillage.
> XIVᵉ siècle.   Hʳ 2 m. 10; Lʳ 2 m. 50.

Cathédrale Notre-Dame de Bayonne.

D 21. — *Heurtoir de la porte du bras nord du* TRANSEPT.

> Plaque circulaire percée de trèfles et de quatre feuilles
> et ornée de dessins gravés rappelant les damasquinures
> arabes.
> Tête de chien portant dans sa gueule un anneau aux
> pans couverts de rinceaux gravés.
> Fin du XIIIᵉ siècle. — Bronze doré.
> Hʳ 0 m. 34; Lʳ 0 m. 32.

D 22. — *Buste d'une statue de saint Jacques, provenant
de l'ancienne église Saint-Jacques de Beauvais, conservée au musée archéologique.*

> Saint Jacques, en pèlerin, porte un vêtement à encolure
> dégagée, avec échancrure à revers, et sur l'épaule la
> courroie de la panetière en bandouillère.
> Il est coiffé d'un chapeau de feutre en forme de cloche.
> Première moitié du XIVᵉ siècle.   Hʳ 0 m. 65.

D 22¹. — **Église Sainte-Croix de Bernay (Eure).**

> *Statue de saint Paul provenant de l'*Abbaye du
Bec.

> Le crâne dénudé, la barbe longue, l'apôtre Paul est
> debout. La main droite s'appuie sur l'épée, la gauche,
> cachée par les plis d'un large manteau, tient un livre
> fermé.
> Fin du XIVᵉ siècle.   Hʳ 1 m. 90.

Cathédrale Saint-André de Bordeaux.

Façade septentrionale. *Galerie du portail royal.*

D 23. — *Buste d'une statue d'évêque.*

XIII° siècle.

D 24-26. — *Trois statues des ébrasements du portail royal.*

Trois apôtres dont saint Jacques (panetière à coquille).

D 27. — *Figure du tympan.*

Un ange tenant la croix, placé à la droite du Christ.

D 28-29. — *Décoration de deux contreforts de l'*ABSIDE. *Côté septentrional.*

Sous une niche tréflée, à colonnettes, et un gable tient de la main gauche un livre et de la main droite une croix saint André?

Dans une niche analogue, une femme debout, nimbée et portant un vase, sainte Madeleine?

Elle est coiffée du touret de front à mentonnière et du voile, vêtue du surcot fermé par un fermail, serré par une ceinture. et du manteau jeté sur les épaules.

Premier quart du XIV° siècle.   H° 4 m. 50; L° 1 m. 92.

D 30. — *Portail du bras nord du* TRANSEPT.

Ce portail est divisé en deux baies par un trumeau auquel est adossée abritée sous un dais, la statue de Bertrand de Goth. né à Uzeste. élu pape en 1305 sous le nom de Clément V. Vêtu des habits sacerdotaux, il est debout dans l'attitude de la bénédiction.

La forme de la tiare. le style de la figure et de la draperie indiquent que cette statue est une reconstitution du XVI° siècle.

Les pieds-droits sont évidés à leur partie supérieure, et les niches ainsi formées. abritent six statues d'évêques ou de cardinaux. Ces statues de même que celle du trumeau, ne font pas corps avec la construction. comme les statues des portails des XII° et XIII° siècles et ne sont plus ainsi qu'un simple motif décoratif.

L'une d'elles, la première de l'ébrasement à droite du trumeau est en partie tout au moins une restitution du XVIII° siècle.

La voussure abritant le tympan est décorée de cordons
de feuillage, et de statuettes abritées par des dais ajourés :
dix angelots ornent la première archivolte, les douze
apôtres la deuxième, quatorze patriarches et prophètes
la troisième.

Le tympan est divisé en trois registres.

Sur le premier, la Cène.

Sur le deuxième, l'Ascension.

Sur le troisième, le Christ est assis, bénissant ; à ses
côtés, deux anges debout, l'un tenant la lance de Longin,
l'autre, le voile de Véronique, puis deux anges agenouillés,
l'un portant la lune, l'autre le soleil.

Peut-être faut-il reconnaître dans les statues des ébrasements les cardinaux élus à Lyon par Clément V. en présence de Philippe-le-Bel — Arnaud de Canteloup, Guillaume
Arcufat, Arnaud de Pellegrue, Raimond de Got, tous
quatre bordelais, Pierre Arnaud, abbé de Sainte-Croix et
enfin Bernard de Fargues neveu du pape.

Cette suite de figures pourrait aussi ne représenter que
le Sacré Collège d'une façon générale.

Premier quart du xive siècle.   Hr 11 m ; Lr 9 m. 50.

Cathédrale Saint-Etienne de Bourges.

D 31. — Façade occidentale. *Partie du tympan de la
porte centrale.*

Extrémité du premier registre. — Episode de la Résurrection.

Deuxième registre. — Le jugement dernier.

Debout au centre, saint Michel, prend sous sa protection
un enfant dont il pèse les bonnes et les mauvaises actions.
L'un des plateaux de la balance porte un objet de forme
assez indéterminée dans lequel on peut reconnaître soit le
calice de la Foi, soit la lampe des vierges sages : l'autre
plateau sous lequel se suspend encore une figure de dia-
blotin, porte une tête monstrueuse.

A droite de saint Michel, les élus, couverts de vêtements
qui indiquent leur condition, accompagnés d'un ange,
sont guidés par saint Pierre vers un édicule sous l'arcade
tréflée duquel est assis Abraham portant les âmes des
justes dans une draperie : au-dessus, trois anges s'ap-
prêtent à couronner les Elus.

A sa gauche, les Damnés sont saisis par des démons
figures fantastiques, entraînés et précipités dans une
chaudière en ébullition sur la gueule d'un monstre qui
vomit des flammes. C'est le Léviathan du Livre de Job,
le symbole de la Géhenne. A part quelques coiffures,

couronne. mitres et calottes. les damnés sont nus. Des
reptiles s'attaquent à eux et deux diables munis de
soufflets attisent la fournaise. L^r 6 m. 90.

D 32-33. — *Fragments de voussures de la porte centrale.*

Un séraphin. H^r 1 m. 45; L^r 1 m. 10.
Frise de feuillage. H^r 1 m. 60; L^r 0 m. 40.

D 34. — *Écoinçons de l'arcature du soubassement de
la porte centrale.*

Épisodes du Déluge : La construction de l'arche, Noé
s'embarquant avec sa famille. H^r 0 m. 40; L^r 0 m. 45.

D 35. — *Arcade occidentale du porche nord.*

Sous un arc de décharge plein cintre, une double arcade
de même tracé, surmontée d'un oculus est supportée
par des faisceaux de colonnettes aux chapiteaux ornés
de feuillages.

Les chapiteaux du pied-droit contigu à l'église, plus
anciens, ont un abaque rectangulaire et non octogonal.

Les arcs et l'oculus sont festonnés intérieurement de
lobes circulaires et les extrémités des redents sont décorées
de têtes variées.

Une voussure de feuillage encadre l'oculus. Une voussure
de décor très original, singes accroupis et chouettes
à têtes feuillues, encadre les arcs.

Sur l'écoinçon intermédiaire des arcs, sous une arcade
plein cintre, saint François tenant la croix.

A part cette figure, la décoration est la même à l'intérieur
du porche.

La base du trumeau est un socle octogonal, celle des
pieds-droits, des socles rectangulaires ornés de griffes.

H^r 9 m. 50; L^r 7 m. 60.

D 36-38. — *Détails de l'arcade occidentale du porche.*

(Voir le numéro précédent).

D 39-42. — *Fragments provenant de l'ancien* JUBÉ.

Quatre hauts reliefs peints et dorés se détachant sur
un fond orné de verroteries incrustées :
Le baiser de Judas.
Judas comptant le prix de sa trahison.
Pilate et sa femme racontant le songe.
Jésus descendant aux Limbes.
Ce jubé fut réparé en 1635 par Jean Thierry Ste Gins.

Le marché établi pour le travail en donne la description. Il fut détruit par les chanoines en 1757 et les originaux des moulages exposés sont actuellement conservés au musée du Louvre, avec d'autres fragments de même provenance D'autres ont été recueillis au musée de Bourges et à l'agence des travaux de la cathédrale. Ils portent une polychromie bien conservée.

Fin du XIII⁰ siècle.   H⁰ 1 m. 15 ; L⁰ 1 m. 10.

Eglise Saint-Pierre de Caen.

D 43. — *Encorbellement au côté gauche de la* FAÇADE OCCIDENTALE.

Trois têtes amortissant les angles de trois assises.
1ʳᵉ moitié du XIV⁰ siècle.   H⁰ 0 m. 95 ; L⁰ 0 m. 65.

Eglise de Candes (Indre-et-Loire).

D 43¹. — *Ebrasement du portail intérieur du narthex septentrional.*

La partie supérieure du soubassement est formée de trois assises sculptées, de composition très originale, d'exécution très large. Ce sont des niches de feuillage, à deux pans, d'où sortent, en haut-relief, des têtes masculines et féminines, quelques-unes couronnées, et accompagnées de figurines variées, le tout d'une extrême fantaisie et serti d'un galon d'étoiles.

De fines colonnettes, en délit, à chapiteaux feuillus, reposent sur le soubassement et portent une arcature tréflée, couronnée d'édicules et formant dais.

Au-dessous, trois statues décapitées adhèrent au mur.

La 1ʳᵉ, un homme en costume civil, est très mutilée et tout attribut a disparu.

La 2ᵐᵉ est une femme, vêtue d'une robe plissée serrée à la taille par une ceinture à aumonière, et d'un ample manteau qu'elle relève d'un geste gracieux.

Le livre et les pieds nus permettent de reconnaître un apôtre dans la dernière figure.   H⁰ 3 m. 60 ; L⁰ 2 m. 90.

Eglise Saint-Nazaire. dans la cité de Carcassonne.

D 44. — *Statue d'un saint évêque adossée à un pilier du bras sud du* TRANSEPT.

Il bénit et tient la crosse ornée du manipule.
Premier quart du XIV⁰ siècle.   H⁰ 1 m. 85 ; L⁰ 0 m. 65.

D 45-48. — *Corbeaux de la corniche extérieure de l'ABSIDE.*

Têtes d'hommes et de femmes, supportant une corniche décorée d'une course de feuillage.
Premier quart du XIVe siècle.   H[r] 0 m. 65 ; L[r] 0 m. 50.

Église de Cernay-les-Reims (Marne).

D 49. — *Statuette de la Vierge et l'enfant.*

Couronnée et voilée. elle est debout. infléchie. et porte sur le bras gauche l'Enfant demi-nu qui joue avec un oiseau. De la main droite. elle tient un bouquet de fleurs. (L'épisode des passereaux se trouve dans l'Évangile du pseudo Mathieu au chapitre XXVII).
XIVe siècle. — *(Don de M. Haussaire).*   H[r] 0 m. 88.

Église de la Chaise-Dieu (Haute-Loire.)

D 50. — FAÇADE OCCIDENTALE. *Figure décorant une voussure du portail.*

Un prophète assis. tenant un phylactère.
Troisième quart du XIVe siècle.   H[r] 0 m. 62.

Cathédrale Notre-Dame de Chartres.

D 51. — *Statuette de la Vierge et l'Enfant.*

Couronnée. la Vierge est debout infléchie sur le côté. Sur le bras gauche elle porte l'enfant qui joue avec un oiseau. De la main droite elle tenait un fleuron.
XIVe siècle.   H[r] 0 m. 88.

Cathédrale de Clermont-Ferrand.

D 51'. — *Montant de la porte de la Sacristie.*

Entièrement encadrée de la base à la clef de deux cordons de feuillage très détachés du fond.
Fin du XIIIe siècle ou commencement du XIVe.
H[r] 2 m. 62.

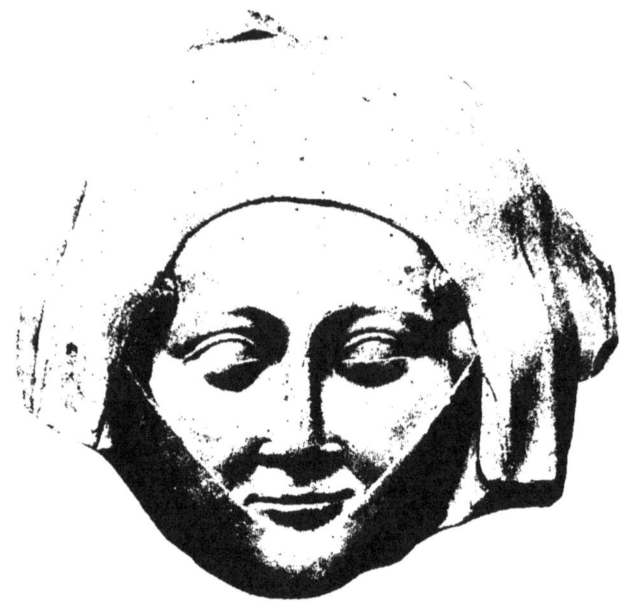

D. 3.   Masque funéraire de provenance indéterminée conservé au MUSÉE D'ARRAS
première moitié du XIVe siècle.

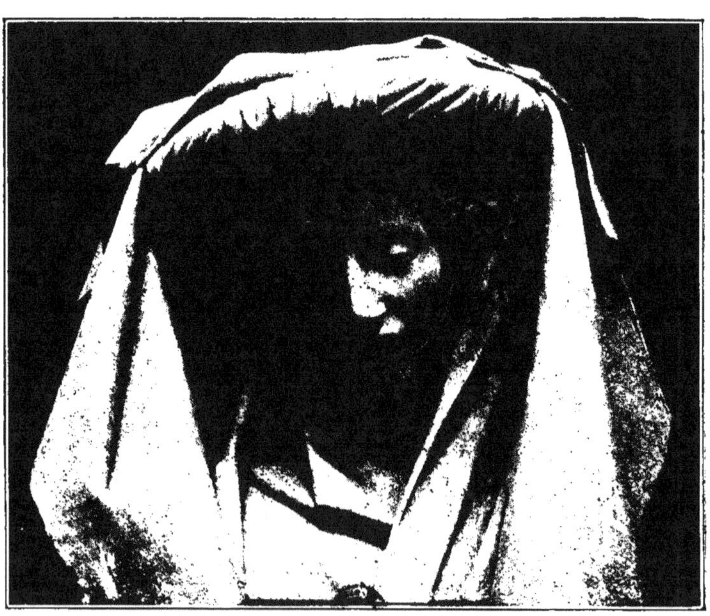

E. 136?.   La Madeleine, Figure du Saint-Sépulcre, de Jean Michel et Georges de Sonnette
XVe siècle. HOPITAL DE TONNERRE.

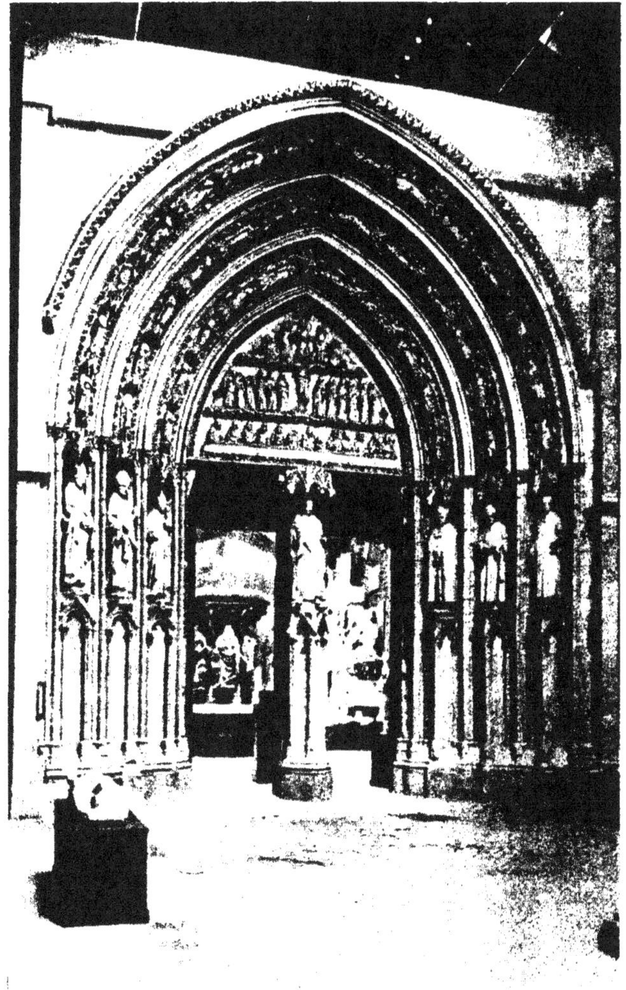

D. 50. — CATHÉDRALE SAINT-ANDRÉ DE BORDEAUX.
Portail du bras nord du Transept (XIVe siècle).

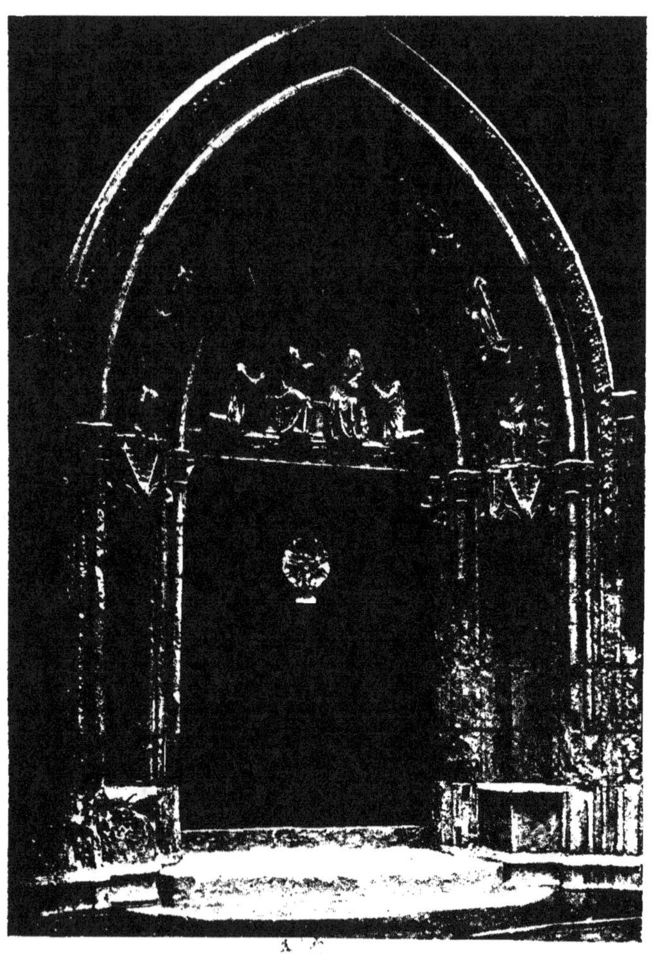

D. 1685.   ANCIENNE ABBAYE DE FONTENELLE A SAINT-WANDRILLE.
Portail du Cloître (XIV⁰ siècle).

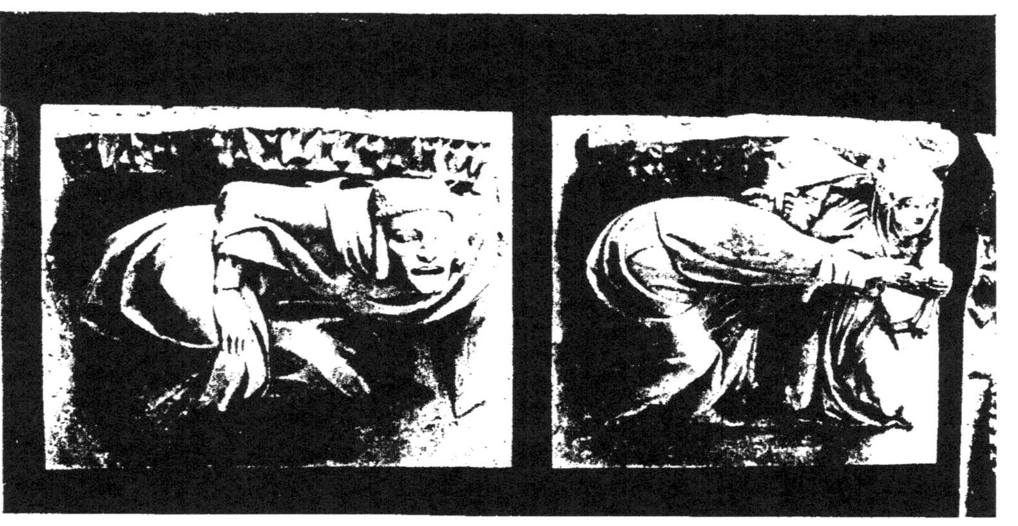

D. 17, 18. — ANCIENNE CATHÉDRALE D'AUXERRE.

Consoles à l'intérieur du bras sud du Transept (XIVe *siècle*).

Eglise Saint-Spire de Corbeil.

D 52. — *Statue funéraire de Haymon, premier comte de Corbeil.*

La tête sur un coussin, les mains jointes, le comte est étendu, les pieds posés sur un dragon dont la queue se termine par une tête.

Vêtu d'une cotte de mailles d'une cotte d'armes et de jambières de fer, Haymon est ceint d'un large baudrier portant une épée et un écu, sur lequel est reproduit un animal fabuleux à deux têtes rappelant la victoire légendaire du premier comte de Corbeil, fondateur de l'église Saint-Spire (950). L'inclinaison assez particulière du corps sur le côté a été motivée par l'emplacement du tombeau dans l'église.

Première moitié du XIVᵉ siècle.

Le corps est en pierre, la tête et les mains en marbre.

Lʳ 1 m. 92.

Eglise d'Evron (Mayenne).

D 52¹. — *Bras nord du transept.*

Gâble à crochets et bouquet. Au tympan, la légende du pèlerin. (Saint Hardouin et l'aubépine).

Hʳ 1 m. 80 : Lʳ 1 m. 60.

D 52². — *Tympan de gable, un cavalier.*

Hʳ 0 m. 75 : Lʳ 1 m. 25.

D 52³. — *Console d'un pilier à la Croisée du transept.*

Trois couples de personnages, d'allure tourmentée, étagés sur deux rangs, semblent échanger des confidences. Ce groupe, en haut relief, est connu sous le nom de « la Confession ».

XIVᵉ siècle. Hʳ 1 m. : Lʳ 1 m. 28.

D 52⁴. — *Vierge d'Annonciation.*

Debout, très infléchie, elle tient le livre de la main droite. D'un geste d'étonnement elle ramène la gauche sur la poitrine.

XIVᵉ siècle. Hʳ 0 m. 95.

D 52⁵. — *Tête de femme provenant du* **Château de Fiennes.**

Hʳ 0 m. 25.

Crypte Saint-Paul à Jouarre.

D 53. — *Statue funéraire de sainte Osanne, princesse
d'Écosse.*

Légèrement inclinée sur le côté droit, la tête appuyée
sur un coussin, sainte Osanne est couchée, les pieds posés
sur un chien.

Elle tient un livre ouvert et du doigt désigne une inscription autrefois peinte.

Elle porte une couronne et un voile, et sa robe est
serrée à la taille par une ceinture à longs bouts flottants
formée de lacs de soie retenus par des anneaux.

Fin du XIIIe ou commencement du XIVe siècle.

L^r 1 m. 90.

Eglise Notre-Dame de Laon.

D 54. — FAÇADE SEPTENTRIONALE. *Fragments de gâbles
(Fenêtres des chapelles).*

D 55-56. — *Gargouilles.*

Un lion tenant un os.

Une femme coiffée de la guimpe, les mains appuyées sur
les genoux.

Aux pieds de l'une et de l'autre, deux petites figures
accroupies forment consoles.

H^r 1 m. 67; L^r 1 m. 80.

D 57-58. — CHAPELLES DE LA NEF. *Hauts-reliefs.*

Deux donateurs agenouillés, les mains jointes.

XIVe siècle.   H^r 0 m. 89; L^r 0 m. 79.

Eglise Saint-Martin de Laon.

D 59-60. — FAÇADE OCCIDENTALE. *Figures placées de
chaque côté de la porte centrale.*

Deux anges très mutilés, têtes et ailes brisées, portant
des flambeaux.

Début du XVe siècle.   H^r 1 m. 84; L^r 0 m. 57.

D 61. — *Statue funéraire de Jeanne de Flandre, femme
d'Enguerrand IV, sire de Coucy, provenant de l'église
abbatiale du Sauvoir-sous-Laon.*

En costume d'abbesse de Cîteaux, Jeanne de Flandre.

morte en 1334, est étendue, les mains jointes, les pieds
posés sur deux lions. Près d'elle sa crosse.

Le moulage ne porte aucune trace de l'inscription
Pierre de Luez, Flamand, qui serait gravée sur le plat
de la crosse.

Deuxième quart du xiv° siècle. H' 1 m. 80.

Abbaye de Notre-Dame-de-la-Roche à Lévis Saint-Nom (S.-et-O.).

D 61¹. — *Statue funéraire de Guy II, de Lévis Seigneur de Mirepoix, Florensac et Montségur (1260).*

Cette statue funéraire, du type habituel des gisants, est,
de même que la suivante, encastrée verticalement dans le
mur de l'église.

De chaque côté de la tête, un angelot thuriféraire.

Aux pieds, supportant un socle refait, deux personnages
à genoux semblent indifférents aux flammes qui les entourent (Les jeunes hébreux dans la fournaise-Daniel).

H' 2 m. 75.

D 61². — *Buste de la statue funéraire de Guy III de Lévis (1299).*

Autant que la précédente, cette statue est un portrait
dont le caractère nettement individuel est encore une rareté
au xiii° siècle. H' 0 m. 50.

D 61³. — *Stalle.*

Ce moulage partiel comprend une forme et une jouée,
analogue à celles de Xanten et à un croquis de l'album de
Villard de Honnecourt.

Ces stalles se rattachent encore à l'art du xiii° siècle,
mais certains détails permettent de croire qu'elles datent
seulement du xiv°. H' 2 m. 20; L' 1 m. 95; L' 0 m. 87.

Cathédrale Saint-Etienne de Limoges.

D 62. — *Chapiteau d'une colonnette du* TRIFORIUM.

xiv° siècle. H' 0 m. 22; L' 0 m. 40

Cathédrale Saint-Jean de Lyon.

D 63-64. — FAÇADE OCCIDENTALE. *Décoration des pieds-droits des portes.*

Le soubassement des pieds-droits est formé de piletterectangulaires engagées qui servaient de bases à des statues aujourd'hui détruites, et dont les faces sont décorées de bas-reliefs inscrits dans des quatre-feuilles.

Les sujets disposés horizontalement sont, de gauche à droite, en commençant par le bas :

Porte centrale, côté gauche :

1° Les signes du Zodiaque : le Verseau, les Poissons. — Le Bélier, le Taureau. — Les Gémeaux, l'Ecrevisse. — Le Lion, la Vierge.

2° Episodes de la vie de saint Jean-Baptiste : Apparition de l'ange à Zacharie. — Le peuple priant à la porte du temple. — Zacharie sortant du temple. — La Visitation.

3° Sujets tirés de la Genèse : Caïn tue Abel. — Dieu reproche à Caïn le meurtre d'Abel. — Caïn tué par Lamech. — Construction de l'arche.

4° Un ange console Agar. — Querelle entre les pasteurs d'Abraham et de Lot. — Embrasement de Sodome. — Conduit par l'ange Loth quitte Sodome.

5° Eliézer offre des présents à Rébecca et à Laban. — Deux démons emportant le corps du mauvais riche. — Rébecca donne à boire à Eliézer.

6° La signification des sujets de cette assise n'est pas nettement établie : Un chevalier présente à une femme son heaume et son écu aux armes de Savoie ; l'ailette qu'il porte sur l'épaule est également timbrée d'une croix. Deux personnages portant un faucon. — Un personnage couronné tend à un autre une épée. — Un personnage semble prendre congé d'une femme coiffée d'un voile.

7° A la partie supérieure, sous des arcades tréflées une femme debout, portant une lance, entre un chevalier et une femme agenouillée. — Une reine assise sur deux lions. — et la scène répétée de saint Georges terrassant le dragon.

Porte de droite, côté gauche :

Au-dessus des médaillons accouplés, dont la mutilation rend difficile l'identification, mais dans lesquels on reconnaît toutefois des divertissements forains (« Jeux de bateaux »). — Un centaure. — Un homme tirant de l'arbalète sur un dragon. — Deux chevaliers combattant à pied. — Une tête feuillue. Un personnage frappant un dragon du tranchant d'un coutelas. — Deux forgerons. Une femme (?) tendant des fruits à un homme nu. — Un maître en chaire, présentant un livre ouvert à un jeune clerc. — Une femme faisant l'aumône à un moine mendiant. — La tête couverte, le bâton à la main, un abbé donne des instructions à un moine qui, tête nue, porte un livre ouvert.

A la partie supérieure sous une arcade, tréflée, un ange, les ailes déployées, à mi-corps présentant de chaque main une couronne.   H 5 m. ; L 1 m. 80.

D 64¹. — Portail occidental. *Suite de panneaux histories.*

Personnage barbu tenant un livre fermé et un attribut détruit (Saint Pierre?) — Ouvrier forgeant un clou. — Veneur attaquant un loup. — Saint Georges. — Chasse au sanglier. — Personnage imberbe déroulant un phylactère. — Le Déluge. — Un chevalier reçoit le heaume. — Martyre d'une sainte. — Deux bustes de femmes, les mains jointes, l'une à des ailes aux tempes.

Mort de saint Ennemond. — Miracle de Théophile. — Combat d'archers. — Saint Michel. — Le Déluge. — Sirène. — La Peur. — Un homme se défendant avec une hache contre un escargot à tête de chien. — Combat d'un homme et d'un dragon.

Personnage tenant un livre fermé et une épée (Saint Paul). — Tête de porc enguirlandée de feuilles et de gland de chêne. — Autruche (?) mordillant un objet indéterminé. — Animal chimérique à tête de fou. — Animaux chimériques.

D 65-67. — *Panneaux encadrés de quatrefeuilles.*

Légende de saint Nicolas. — Deux lions et une figure assise. — Un bateleur. — La Vierge, signe du Zodiaque, protège la licorne poursuivie par un chevalier.

Un vieillard entre deux chiens. — Centaure armé d'une massue. — Un personnage nu, monté sur un animal, joue de la vielle. — Deux amoureux, portant, l'un un faucon, l'autre un écureuil.

Le Christ en croix entre la Vierge et saint Jean.

Un homme combattant un dragon. — Un personnage écrivant sur un phylactère. — Deux apôtres soutenant le voile sur la tête d'un évêque assis.

D 68. — *Dessous d'un cul-de-lampe, en forme de dais.*

Le lai d'Aristote, célèbre fabliau en vers composé au xiiiᵉ siècle par Maître Henri d'Andeli.

Alexandre s'étant follement épris d'une jeune indienne, son précepteur Aristote lui fait toutes les remontrances qui sont d'usage en pareil cas; confus, le jeune roi en fait part à sa maîtresse, mais celle-ci se charge de la réplique: le lendemain dès l'aube, dans un déshabillé provoquant, elle vient s'ébattre dans le verger, sur lequel donne le cabinet d'étude du vieux savant; elle y cueille des fleurs en chantant; distrait dans son travail, le vieillard s'allume à sa vue, tant et si bien qu'il vient à elle et implore ses faveurs. Mais la jeune fille ne veut rien entendre avant qu'il lui ait donné un gage d'amour : ce sera de se laisser seller et brider et de lui servir de monture: il y consent et

Alexandre qui, du haut d'une tour, a assisté à toute la
scène, survient et croit son vieux maître confondu, mais le
pédant a réplique à tout : Combien, lui dit-il, le charme
qui affole un vieillard comme moi n'est-il pas plus dange-
reux pour la jeunesse !

Le motif principal figure Aristote chevauché par la
jeune fille ; deux autres scènes du fabliau étaient sculptées
dans les angles arrondis ; une seule subsiste.

Premier tiers du XIVᵉ siècle.

D 68¹. — **Cathédrale du Mans.**

Oiseau formant pinacle d'une culée de l'Abside.
XIVᵉ siècle.   Hᵗ 0 m. 59 ; Lᵗ 0. m. 17.

Eglise Notre-Dame de Mantes.

D 69-72. — *Quatre statuettes provenant de la* **Chapelle de Navarre.**

Deux donatrices, la femme de Charles-le-Mauvais, roi de
Navarre et comte d'Evreux et sa belle fille, debout, couronne
en tête, présentent l'une et l'autre un petit édicule figu-
rant la chapelle.

Deux saintes, leurs patronnes tenant des attributs
aujourd'hui disparus.
XIVᵉ siècle.   Hᵗ moyenne : 0 m. 87.

D 72¹. — *Statuette de la Vierge et l'Enfant.*

Couronnée et voilée, la Vierge, debout, très infléchie,
porte sur le bras gauche l'Enfant qui, d'une main, tient le
livre, et de l'autre le globe.

Le style de cette figure dont la provenance précise est
indéterminée rappelle particulièrement celui des quatre
statuettes décorant la Chapelle de Navarre dans l'église
Notre-Dame de Mantes (D. 69-72).
XIVᵉ siècle.   Hᵗ 0 m. 90.

D 72². — *Bas-relief provenant de* **Metz.**

Le Couronnement de la Vierge.
XIVᵉ siècle.   Hᵗ 0 m. 41 ; Lᵗ 0 m. 41.
Don de M. Thiria.

Eglise de Mussy-sur-Seine (Aube).

D 73. — *Statue de saint Jean Baptiste.*

Revêtu d'une peau de bête, saint Jean est debout portant en un disque l'agneau pascal qu'il montre du doigt.
Fin du XIII° siècle ou commencement du XIV°.

H^r 1 m. 93.

Eglise Notre-Dame d'Orcival (Puy-de-Dôme).

D 74. — *Statuette de la Vierge et l'enfant.*

Couronne en tête, la Vierge est debout. Elle porte sur le bras gauche l'enfant bénissant, et de la main droite tient un livre.
XIV° siècle.

H^r 0 m. 70.

Cathédrale Notre-Dame de Paris.

D 75. — Bras sud du transept. *Tympan du portail Saint-Etienne, portail signé du maître de l'œuvre Jean de Chelles et daté 1257.*

Bordé d'un cordon de feuilles d'érable, ce tympan, consacré à saint Etienne, est formé de trois registres superposés.

Au linteau, sous une arcature à frontons, saint Etienne expose sa doctrine aux docteurs et l'enseigne au peuple. La plupart de ces personnages ont le bonnet des juifs. Deux accusateurs et un soldat nègre, costumé à l'antique, le saisissent et l'amènent devant le juge.

Au registre intermédiaire, la lapidation et l'ensevelissement du martyr.

Au registre supérieur sortant des nuées, accompagné de deux anges, le Christ dans l'attitude de la bénédiction.

H^r 4 m. 02; L^r 4 m. 31.

D 76-77. — *Deux figures des voussures du portail.*

Saint Denis (portant le pallium) est assis, tenant sa tête dans les mains.

Saint Laurent, tête nue, assis, s'appuyant du bras gauche sur une *calaste* ou gril de torture. H^r 0 m. 70; L^r 0 m. 30.

D 78-79. — *Quatre bas-reliefs placés dans le prolongement du soubassement à l'est du portail.*

Inscrits dans des quatrefeuilles cantonnés de petites

figures et d'animaux, ces bas-reliefs dont quatre seulement sur huit ont été moulés et qui ont donné lieu à diverses interprétations, semblent représenter des scènes de la vie des Écoliers parisiens au XIII° siècle.

I. Assis dans une chaire, un maître enseigne à cinq jeunes gens et à une femme qui se tiennent debout devant une table pupitre. Au sommet, la représentation d'un diplôme. Aux angles groupe de figurines hommes et femmes instruisant des enfants, et scènes de chasse.

II. Accompagné de deux assesseurs, un maître est en chaire. Devant lui, un groupe d'auditeurs, parmi lesquels on remarque une femme. Aux angles supérieurs deux groupes de figurines analogues à celles du bas-relief précédent. Aux angles inférieurs des dragons.

III. Une femme portant sur sa poitrine un écriteau dont l'inscription presque illisible paraît être P. FAIVS. S. pour faux serment?, est ligottée par les poignets à l'échelle de justice et lapidée par deux groupes de personnages.

Au premier plan, un sergent à verge et un exécuteur tirant l'épée.

A la partie supérieure, deux loges à double ouverture, dans celle de droite, apparaissent deux personnes semblant se battre (probablement le délit qui a entraîné la mise au pilori) dans celle de gauche, les têtes de deux curieux.

A la partie inférieure, deux hommes combattent des lions.

IV. Devant un livre placé sur un lutrin, un maître semble interroger deux élèves sur un texte; à droite, un autre groupe composé de trois élèves dont une femme semblent commenter entre eux le sujet de leurs études. Aux angles supérieurs à gauche, un maître et un écolier attentif, à droite, un maître et un écolier distrait. Au sommet, un chien. Aux angles inférieurs, un homme s'apprêtant à frapper un lion, — un chien.

Les groupes où figurent des lions et des chiens semblent évoquer la légende qui avait cours au XIII° siècle sur le dressage du lion, tel que l'explique Villard de Honnecourt. Ce serait un symbole de l'éducation.

H^r 1 m. 02 : L^r 1 m. 60.

D 80. — FAÇADE SEPTENTRIONALE. *Groupe décorant une voussure de la Porte Rouge.*

Saint Marcel donnant le Baptême. Les fonts appartiennent à un type en navette fréquent dans l'Ile-de-France et la Champagne.

2° moitié du XIII° siècle.   H^r 0 m. 63 ; L^r 0 m. 37.

**D 81. 81 *bis* — 83. — *Bas-reliefs encastrés dans le sou-*
*bassement des Chapelles absidales, au nord.***

I. — *La Glorification de la Vierge.*

La Vierge debout, portant l'Enfant, tenait un sceptre ou
fleuron. Quatre anges l'accompagnent, s'inclinent devant
elle et semblent la détacher du sol. Au ciel, des anges musiciens attendent sa venue. H' 1 m. 15 : L' 1 m. 20.
(Don de M. Chapot).

II. — *L'Assomption.*

Tenant le livre d'une main et de l'autre un Sceptre
(brisé), la Vierge, debout dans une gloire elliptique faite
de nuées, est enlevée au ciel par huit anges.

III. — *Le Couronnement de la Vierge.*

Assise à la droite du Christ qui la couronne, la Vierge
s'incline, les mains jointes. Au-dessus de leurs têtes, deux
anges. L'un joue de l'épinette, l'autre probablement de la
chevrette. H' 1 m. 55 ; L' 1 m. 50.

Ces bas-reliefs semblent trois phases de l'Assomption :
départ de la terre, montée au ciel et couronnement.

Épisodes du *Miracle de Théophile* dont Ganthier de
Coincy, trouvère du XIII° siècle avait donné une version
célèbre.

Le clerc Théophile remet au diable le contrat scellé
par lequel il vend son âme.

Derrière eux, un personnage barbu, coiffé d'un bonnet.

Théophile agenouillé implore la Vierge.

La Vierge arrachant le contrat des griffes du Démon
dans la gueule duquel elle a enfoncé son sceptre.

Ces bas-reliefs sont encastrés dans des quatre feuilles,
inscrits dans des rectangles accostés de petits pinacles,
dans la gorge profonde du quatre feuilles règne une
course de feuillage (brionne, lierre, etc.). Dans les écoinçons
des animaux fantastiques et des angelots jouant de la
vielle, du psaltérion, etc.

A la partie inférieure, une frise de feuillage (liseron,
épine, etc).

Premier quart du XIV° siècle. H' 1 m. 55 : L' 1 m. 50.

D 84-85. — *Groupes en haut-relief décorant la clôture*
du chœur.

Au nord :
La Nativité. — L'Adoration des Mages.

Au sud :
Le Christ apparaît aux trois Maries. — Sous la figure
d'un jardinier, il apparaît à Marie-Madeleine.

La clôture du chœur de Notre-Dame, dont il ne subsiste aujourd'hui que les faces nord et sud, fut commencée par Jean Ravy et terminée par son neveu Jean le Bouteiller en 1351.

Deuxième quart du XIVe siècle.

Pierre peinte et dorée. H[r] 1 m. 30; L[r] 2 m. 95 et 3 m. 55.

D 85bis. — *Trois écoinçons décorant le soubassement de la clôture du chœur.*

Bêtes fantastiques.

Deuxième quart du XIVe siècle.   H[r] 0 m. 45; L[r] 0 m. 90.

D 86. — *Épitaphe de maître Girard de Courlandon, archidiacre de Josas († 1319).*

Inscription funéraire trouvée dans les fouilles faites lors de la restauration, et formée au moyen de matrices gravées en creux :

> Hic jacet nobilis vir
> Magister Girardus dominus de C
> Onllanduno. remensi
> Doctor in decretis a
> rchidiaconus de yos
> aio in ecclesia parisie
> nsi filius domini de Coull
> anduno et filie vice d
> omini laudunensis qui obiit an
> no Domini millesimo CCC XIX M
> ensie marchi. orate pr,
> O eo r.

XIVe siècle. — Plomb.   H[r] 0 m. 53; L[r] 0 m. 44.

Sainte Chapelle du Palais, à Paris.

D 87-88. — *Deux statues provenant de la Chapelle haute, aujourd'hui au musée de Cluny.*

L'une, dont le bras droit est levé dans l'attitude de la bénédiction et dont la main gauche tient le pied d'un vase, porte des vêtements sacerdotaux et pourrait être saint Jean l'Évangéliste.

L'autre est dépourvue de tout attribut.

XIIIe siècle.   H[r] 1 m. 50; L[r] 0 m. 50.

D 89-90. — *Statues adossées aux contreforts de la chapelle haute.*

Deux apôtres dont l'un, saint Jacques-le-Majeur, se reconnaît au bourdon sur lequel il s'appuie.

Leur manteau est orné de pierreries figurées par des cabochons appliqués et s'agrafe sur l'épaule.

Ils portent un disque chargé de la croix de consécration.

Fin du XIII° siècle.   H^r 2 m.; L^r 0 m. 66.

D 91. — *Tête d'une statue de la Chapelle haute.*

Un apôtre. XIII° siècle.   H^r 0 m. 31.

Au musée de Cluny.

D 92. — *Tête d'une statue d'apôtre par Robert de Launoy.*
(† 1365).

Cette tête provient de l'ancienne église Saint-Jacques-l'Hôpital à Paris.

Premier tiers du XIV° siècle.   H^r 0 m. 37.

D 92^(1 à 5). — *Cinq fragments du portail de la Chapelle de la Vierge élevée par Pierre de Montereau (Ancienne Abbaye de Saint-Germain-des-Prés, à Paris).*

Gorges de montants, — vigne, lierre, érable.

Fragment de linteau. — Alternance de crochets et de feuilles stylisées.

XIII° siècle. Jardin du musée de Cluny.

D 93. — *Statuette d'ange provenant de l'église de Poissy.*

Don de M. Geoffroy-Dechaume).

XIII° ou XIV° siècle.   H^r 1 m. 02.

Au musée du Louvre.

D 94. — *Statue funéraire de Guillaume de Chanac évêque de Paris († 1348).*

Le gisant a les mains croisées sur la poitrine, la crosse maintenue dans le bras gauche.

Cette statue provient de la chapelle de l'abbaye de Saint-Victor de Paris.

Milieu du XIV° siècle. — Marbre. L^r 1 m. 92; L^r 0 m. 49.

D 95. — *Statue funéraire de princesse inconnue long-temps désignée sous le nom de **Marie d'Avesnes**, comtesse de Saint-Pol († 1241).*

> Provient de l'abbaye de Pont-aux-Dames (S.-et.-M.).
> Gisante du type habituel.
> Milieu du XIV° siècle. — Marbre. Lʳ 1 m. 85.

D 96. — *Statue funéraire de **Yde de Dormans, Dame de Saint-Venant** († 1379).*

> Provient de la chapelle du Collège de Beauvais à Paris.
> Quatrième quart du XIV° siècle. — Pierre et albâtre.
> Lʳ 1 m. 75.

D 97. — *Monument funéraire du cœur de **Thibaut V, Comte de Champagne, Roi de Navarre** († 1270), provenant de l'église des Jacobins conservé dans la chapelle de l'hôpital général de Provins.*

> Ce monument se compose d'un édicule en pierre à six pans amorti par une pyramide formée de feuilles de cuivre. Il se termine par un cabochon de cristal et six demi-lunettes permettant de voir à l'intérieur le cœur sculpté, orné de feuillages, auquel il sert de reliquaire.
> Sur chaque pan, une arcature tréflée à l'extrados chargé de crochets, abrite une figure de moine assis et lisant.
> Une délicate bordure de folioles décore la corniche.
> Sur les faces de la pyramide étaient appliqués des écussons émaillés, aujourd'hui détruits, aux quartiers du défunt. Ils étaient encadrés d'un décor gravé et repoussé, rinceaux et êtres chimériques, parmi lesquels on peut distinguer des dragons à têtes de femmes, de moines, d'évêques, de chiens, de lions, de cerfs et d'ânes, des centaures jouant de la vielle et du psaltérion.
> Au-dessous règne l'inscription.
>
> Ici gist le gantieu cuer le roi Tiébaut roi de Navarre [cu] ens palatins de Champoingne e de Brie.
>
> XIII° siècle. — Pierre et cuivre doré et émaillé. Hʳ 1 m. 20.

D 97 bis. — *Restitution d'un des pans de la pyramide en son état primitif.*

> Cuivre doré et émaillé. Armes de Champagne.

Eglise de Rampillon (S.-et.-M.)

Fragments du PORTAIL OCCIDENTAL.

D 98. — *Linteau.*

Consacré à diverses scènes de la Résurrection et du Jugement dernier, ce linteau est divisé en deux panneaux encadrés de deux anges sonnant de la trompette.

Dans le panneau de droite, plusieurs personnages, nus pour la plupart, sortent de leurs tombeaux. La coiffure ou quelque accessoire du costume permet de reconnaître parmi eux un pape, seul vêtu, un moine ou un clerc portant une pèlerine, un roi couronné. Deux femmes y figurent et un jeune homme, tout en l'aidant à sortir du tombeau, prend la main de l'une d'elles pour l'appuyer sur son cœur. Un des sarcophages est traité comme un tombeau roman, les autres, suivant les modèles du XIIIe siècle.

Dans le panneau de gauche, un groupe de morts, vêtus ou nus, ressuscitent. — Saint Michel, très mutilé, procède au pèsement des âmes. Un diable aujourd'hui détruit s'accrochait au plateau de la balance. — Abraham assis est entouré de figures d'enfants nus qu'il accueille et qui symbolisent les âmes bienheureuses. L'une d'elles lui est apportée par un ange. H^r 0 m. 80; L^r 3 m 65.

D 99. — *Figure du tympan.*

La Vierge agenouillée devant le Christ Juge.
H^r 1 m. 20; L^r 0 m. 60.

D 100. — *Tête d'une figure du tympan.*

Un ange. H^r 0 m. 35.

D 101-103. — *Claveaux de voussures.*

Deux anges l'un debout, l'autre à genoux tenant un cierge et un bénitier.
Feuillages.
Crochets de feuillage.

D 104-107. — *Détails du soubassement.*

Les occupations des mois de l'année : Assis devant un feu, un homme se déchausse. — Un paysan taille la vigne. — Un rameau à la main, un jeune homme symbolise le retour du printemps. — Faucon au poing, un cavalier chasse. — Dans les écoinçons s'encadrent des bouquets de feuillages variés : églantine, chêne, lierre, sorbier. Dans le panneau formant le tableau du chambranle, un cep de vigne.

Suite de mêmes sujets : Un semeur. — La glandée. — Dans les écoinçons, deux têtes d'hommes, l'une chevelue, l'autre chauve et une tête de femme couverte du voile et de la guimpe.

Écoinçons : Trèfle, têtes d'hommes coiffés de chaperons pointus, jeune fille aux cheveux flottants orné d'un chapel perlé.

Tête de chien, tête de paysanne, tête de femme du peuple coiffée d'une toque à mentonnière, tête d'homme encapuchonnée.

Tête de singe entre des feuillages. Fin du XIIIe siècle.

Cathédrale de Notre-Dame de Reims.

(Voir la note du chapitre précédent).

D 108-109. — FAÇADE OCCIDENTALE. *Bustes de figures décorant l'ébrasement au nord de la porte centrale.*

Saint Joseph. — Sainte Anne ou une suivante.

Hr 0 m. 92; Lr 0 m. 64.

D 110. — *Figure décorant l'ébrasement nord de la porte sud.*

Un prophète.

D 111. — *Figure décorant l'ébrasement septentrional. de la porte nord en partie détruite par les Allemands, en 1914.*

Un ange aux ailes déployées, tenant une navette. Il accompagnait et encensait saint Nicaise.

Hr 3 m. 40; Lr 1 m. 30.

D 112. — *Buste d'une figure décorant l'ébrasement nord de la porte septentrionale.*

L'archevêque de Reims, saint Nicaise ou saint Denis représenté ayant la partie supérieure du crâne tranchée.

Hr 0 m. 48.

D 113. — *Tête de nègre.*

Hr 0 m. 30.

D 114. — *Tête de l'ange accompagnant saint Nicaise.*

Hr 0 m. 45.

D 115. — *Un des claveaux de l'arc de décharge de la grande rose.*

David présentant à Saül la tête de Goliath.   Hr 1 m. 95.

D 116-126. — BRAS MÉRIDIONAL DU TRANSEPT. *Statues ornant la voussure de la grande rose.*

Onze apôtres assis, assez uniformément vêtus, les uns, tête nue, les autres coiffés du bonnet des juifs et tenant divers attributs (épée, tablette, croix, clefs, phylactères).

Hr 1 m.

D 127-130. — FAÇADE MÉRIDIONALE. *Quatre grandes têtes d'amortissement.*

D 131. — TOUR MÉRIDIONAL. *Petite figure de femme servant d'amortissement.*

Hr 0 m. 35.

D 132. — BRAS SEPTENTRIONAL DU TRANSEPT. *Grande tête d'amortissement.*

Hr 0 m. 55.

D 133. — *Masque d'homme barbu dit « Charlemagne ».*

Hr 0m. 45.

D 134. — *Tête d'homme imberbe.*

Hr 0m. 36.

D 135-141. — *Sept petites têtes (masculines et féminines).*

D 142. — PARTIES DE LA PAROI INTÉRIEURE DE LA FAÇADE OCCIDENTALE.

Au-dessus d'un soubassement décoré de draperies rappelant l'usage fréquent des tentures ; trois niches entre des panneaux de feuillage, abritent trois figures en ronde bosse : à gauche, un prêtre donne la communion à un chevalier en costume du XIIIe siècle qui occupe la niche centrale ; à droite, un guerrier vêtu à la romaine.

D'après E. Mâle, les deux premières statues seraient Melchisédech, pontife et roi, présentant à Abraham le pain sous la forme d'une hostie et il faudrait voir dans cette scène une pré-figure de l'Eucharistie.

Hr 4 m. 50; Lr 2 m. 88.

D 143-144.

>Deux prophètes portant l'un un bâton, l'autre un phylactère, sont abrités sous des niches tréflées, surmontées de panneaux et d'écoinçons de feuillage.
>
>H^r 2 m. 50; L^r 0 m. 77.

D 145-145^1 — *Panneaux et écoinçons*.

>Parmi les feuillages variés qui les décorent on reconnaît le chêne, le sorbier, le sycomore, l'armoise, le fraisier, l'arum, la renoncule, l'ancolie, la mauve, la brionne, le lierre, etc.
>
>Panneau : H^r 0 m. 53 ; L^r 0 m. 75.

D 145^2 — *Panneau de feuillage décorant le socle d'une statue au revers du portail septentrional.*

>H^r 0 m. 55.

D 145^3 — *Torse d'ange agenouillé trouvé sur l'emplacement des dépendances du cloître de la cathédrale.*

>H^r 0 m. 40.

D 145$^{4-5}$ — *Deux chapiteaux trouvés rue de Pouilly, 12.*

>Appartenaient probablement aux montants d'une cheminées.
>
>Feuillage et animal chimérique.   H^r 0 m. 43.

D 145$^{6-11}$ — *Statues et bustes de la* **maison des musiciens** *rue de Tambour, à* **Reims.**

>Elevée au XIIIe siècle, la maison dite des Musiciens a été détruite pendant la guerre 1914-1918. Très heureusement, les cinq statues qui en décoraient la façade avaient été déposées et transportées à Paris.
>
>Cette maison — qui semble avoir été celle d'un bourgeois, — présentait au 1er étage, cinq niches abritant des personnages assis, alternant avec des croisées.
>
>Le premier joue de deux instruments : il souffle dans une flûte courte et frappe avec une baguette sur un tambourin fixé à l'épaule par une courroie. Une malencontreuse restauration n'avait pas permis jusqu'à présent de se rendre compte de ce double jeu.
>
>Le deuxième tient une chevrette, sorte de cornemuse, munie d'un unique chalumeau à trous.
>
>Ces deux statues et les cinq bustes ont été moulés.
>
>La troisième, qui occupait la niche centrale, tenait un faucon, sur le poing.
>
>Le quatrième, pince de la harpe, la cinquième joue du

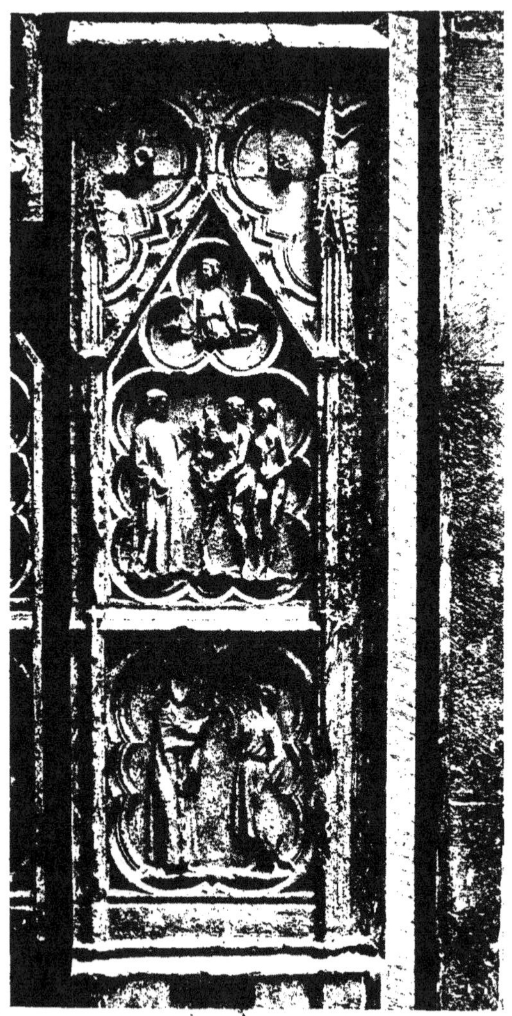

D. 5. — ANCIENNE CATHÉDRALE D'AUXERRE.

Bas-reliefs décorant le soubassement du portail occidental. Scènes de la Genèse
(XIIIᵉ et XIVᵉ siècles).

5.

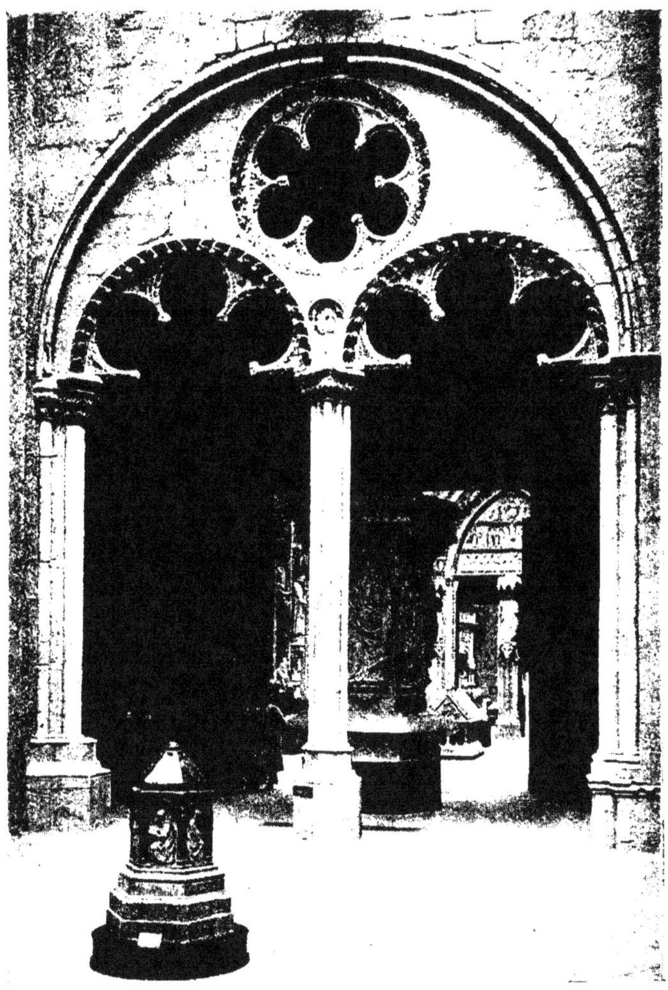

D. 35. — CATHÉDRALE DE BOURGES.
Arche occidentale du Porche nord *Fin du* XIII* *siècle*.

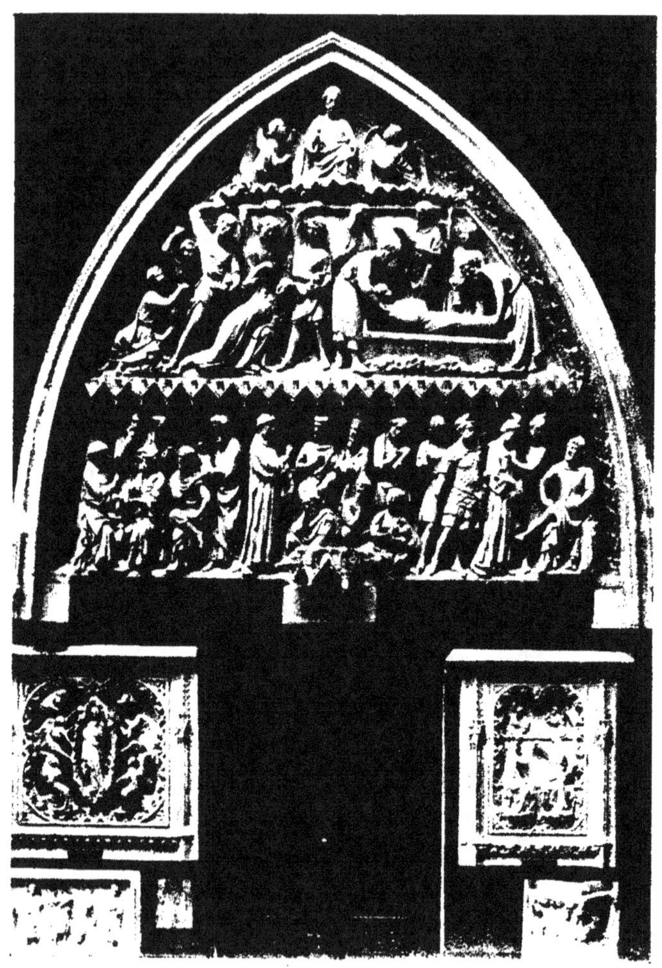

D. 75.   CATHÉDRALE DE PARIS.
Façade méridionale. Tympan de la porte du Transept
Porte Saint-Étienne. XIII⁰ *siècle*.

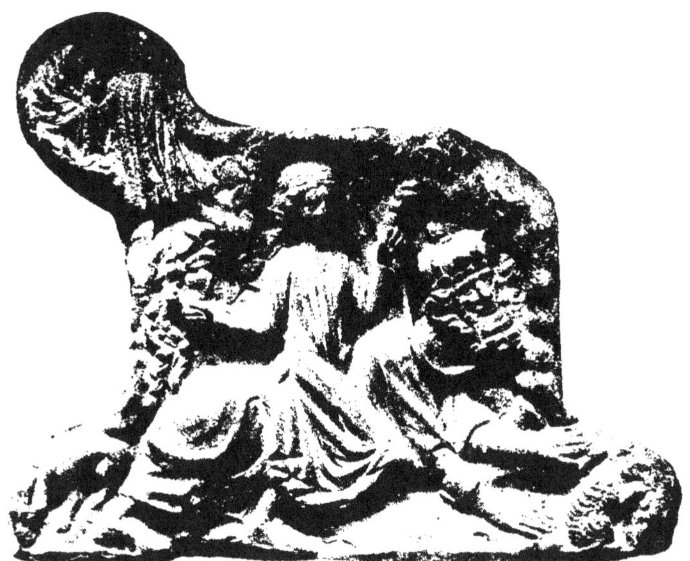

D. 68. — CATHÉDRALE DE LYON.

Détail d'un cul-de-lampe de la Façade ouest " LE LAI D'ARISTOTE "

premier tiers du XIVe siècle.

violon et l'archet de fer, du XIII* siècle nous est parvenu intact.

Jeunes et imberbes, ils portent tous le costume civil, mais ils sont de types différents et le joueur de chevrette présente les caractères ethniques de la race noire.

De nombreuses traces de peinture et de dorure ont été retrouvées sous les couches du badigeon.

Les niches, tréflées, sont peu profondes ; les statues dépassent le parement du mur et reposent sur des consoles, formées de figurines à mi-corps. De petites têtes amortissent les retombées et servent de clef aux archivoltes.

Une corniche d'arcatures couronne la partie supérieure.

L'appareil est petit et tracé en « pavé de berger ».

Lr 2 m. : Hr totale 3 m. 60 ; Hr des figures 1 m. 60.

Église Notre-Dame du Marthuret à Riom
(Puy-de-Dôme).

D 145[12]. — *Statue de la Vierge à l'Enfant adossée au trumeau du portail ouest.*

Cette statue, antérieure à la niche qu'elle occupe provient d'une chapelle de la corporation des bouchers, détruite à la Révolution.

Couronnée et voilée, la Vierge est debout et regarde l'enfant qu'elle porte sur le bras gauche. Celui-ci, tête nue, vêtu d'une courte robe, sourit à sa mère et joue avec un oiseau.

XIV° siècle. Hr 1 m. 60.

Cathédrale Notre-Dame de Rouen.

D 146. — *Suite de panneaux historiés décorant le trumeau et les pieds-droits du* PORTAIL DU BRAS NORD DU TRANSEPT. (*Portail des Libraires*.

Les sujets en bas-relief sont inscrits dans des quatrefeuilles autour desquels quatre figurines d'animaux fantastiques ou réels décorent les écoinçons qui ramènent le quatrefeuille au carré. Exception doit être faite pour un panneau supérieur tréflé, et trois frises inférieures, rectangles allongés.

Sept de ces panneaux encadrent des sujets sacrés. Les autres sont composés de scènes de genre ou de sujets de fantaisie.

La création de l'homme : Les trois Personnes de la Sainte Trinité sont assises la main droite levée dans l'attitude de la bénédiction. Sur le disque que porte le Christ, Adam est couché au milieu de divers éléments.

Ange recevant un élu.

Une femme demi-nue, accroupie, relève la draperie jetée sur ses épaules et découvre ses jambes entourées de minces bourrelets en spirale (probablement métalliques). De la main gauche elle tient un petit miroir.

Cette figure présente une grande analogie avec plusieurs bas-reliefs du temple hindou d'Amaravati conservés au Musée Britannique.

Un bateleur et un singe.

Une femme semble fuir et abriter sous son manteau un enfant nu qui lui demande protection.

Sur la pile en retour, confirmant cette hypothèse, un *fou,* sous la forme d'un centaure à corps de dragon, à tête barbue abritée sous un capuchon, tient d'une main une massue et de l'autre brandit une pierre.

Un homme barbu, assis, s'appuyant sur un bâton ou un bourdon de pèlerin.

Couvert de la peau du lion de Némée, Hercule est aux prises avec un lion.

Un jeune homme luttant avec un ours (peut-être David défendant le troupeau de son père).

Lutte d'un personnage et d'un dragon.

Centauresse à queue de dragon, brandissant d'une main une quenouille, de l'autre agitant une draperie.

Deux hommes, tête-bêche, disposés de telle façon que, verticalement ou horizontalement, deux corps apparaissent.

Une jeune femme, la tête ceinte d'un bandeau, les épaules couvertes d'une draperie, la partie inférieure du corps nue, se regarde dans un miroir circulaire.

Sirène-oiseau, à torse de femme, agitant une draperie.

Une femme, au corps de lion, aux ailes de chauve-souris jouant d'une sorte de guitare.

Jeune femme souriante, encapuchonnée, corps de coq, pattes de chat.

Petite frise. — Charpentier équarrissant un madrier.

Personnage appuyé sur une règle, (le maître de l'œuvre) sculpteur travaillant du ciseau et du maillet.

Au centre un personnage debout, présente deux écuelles à deux mendiants appuyés sur des bâtons. Il faut voir dans cette scène une œuvre de charité et non la représentation de l'*Huître et des Plaideurs,* comme le voudrait une tradition locale.

Un homme nu, à tête de bouc, les épaules couvertes d'un manteau, danse en agitant des clochettes.

Un homme drapé est assis et accoudé dans l'attitude de la méditation, sa tête est celle d'un porc.

Tête humaine barbue. Corps de lion contourné.

Centaure à corps et à tête de porc jouant de la vielle.

Monstre chimérique composé de membres de divers animaux.

Pélican chimérique, à longues oreilles et à pattes de fauve.

Coiffé d'un bonnet doctoral, un médecin examine un urinal. Corps d'animal fantastique.

Un corps d'homme surmonté d'une tête de mouton recouverte d'un voile.

Homme barbu tenant une équerre. Corps de dragon.

Tête humaine barbue. Corps de vache.

Homme nu à tête de chien. (Cynocéphale).

La Médecine. — Jeune homme assis devant un lutrin et regardant une fiole par transparence.

La Création.

Adam et Ève chassés du Paradis.

Dieu remet à Adam un vêtement et une bêche.

Caïn tue Abel d'un coup de hoyau.

Samson et le lion.

Premières années du XIVe siècle.

Environ 0 m. 27 × 0 m. 27.

D 146bis. — *Panneaux historiés décorant les pieds-droits du* PORTAIL DU BRAS SUD DU TRANSEPT. *(Portail de la Calende).*

> Épisodes de la parabole du Mauvais riche :
> Les Serviteurs volant et se battant.

D 147. — BRAS NORD DU TRANSEPT. *Fragment de l'ébrasement est du portail.*

> Le supplice de saint Pierre.
> Premier quart du XIVe siècle.   Hr 0 m. 92; Lr 0 m. 88.

D 148. — BRAS NORD DU TRANSEPT. *Fragment de décoration d'un vantail de la porte.*

> Longue traverse encadrée de deux figures de lapins et décorée d'une suite de quatrefeuilles dans lesquels sont inscrites des têtes variées d'hommes et de femmes. Les écoinçons intermédiaires sont ornés de petits animaux, également variés.
> XIVe siècle. — Bois.   Hr 2 m.

D 148¹. — *Statues d'Adam et Ève.*

> Les statues d'Adam et Ève et l'Arbre du Bien et du Mal dont les moulages ont été réunis au Trocadéro formaient

a Rouen un ensemble aujourd'hui dispersé et dont la place primitive n'est pas déterminée. Au moment de l'estampage, les figures d'Adam et d'Eve se trouvaient au revers de la façade occidentale derrière le buffet d'orgues. Elles sont actuellement déposées au Musée d'Art normand installé dans l'église St-Laurent.

L'arbre est conservé dans le transept.

XIV⁰ siècle.   H⁰ 2 m. 03.

D 149. — *Tête de prophète conservée à l'agence des travaux.*

XIV⁰ siècle.   H⁰ 0 m. 30.

D 150. — *Tête de Vierge provenant de l'église de Sacy* Yonne .

(Don de M. l'abbé Giraud).

XIII⁰ ou XIV⁰ siècle.   H⁰ 0 m. 30; L⁰ 0 m. 30

Cathédrale Notre-Dame de Sées.

D 151. — *Chapiteaux. — Redents. — Grandes et petites rosaces. — Rosaces tréflées. — Fragments de frises. — Ecoinçons. — Culs-de-lampe. — Fragments divers.*

XIII⁰ et XIV⁰ siècle.

Eglise Notre-Dame de Semur-en-Auxois.

D 152. — *Bas-relief faisant partie du deuxième registre du tympan du* PORTAIL NORD.

L'incrédulité de saint Thomas.
XIII⁰ siècle.   H⁰ 1 m. 70; L⁰ 1 m. 60.

Cathédrale Saint-Etienne de Sens.

D 153. — FAÇADE OCCIDENTALE. *Soubassement de la porte sud. (Porte Notre-Dame).*

Sous une arcature tréflée surmontée de gâbles, sept figures d'hommes à grandes robes, les pieds chaussés, debout.

Les têtes et les mains sont brisées et sauf un phylactère désignant peut-être un prophète, aucun vestige d'attribut ne permet d'identifier ces figures.

H⁰ 2 m.; L⁰ 2 m. 51.

D 154. — Façade septentrionale. *Voussure du petit portail. (Portail Saint-Denis).*

> L'arc est légèrement brisé, deux suites d'angelots debout, abrités sous des dais, tiennent des attributs divers (encensoirs, couronnes, calices, flambeaux).
>
> H^r 1 m. 65 ; L^r 3 m. 75.

D 155. — *Bas-relief.*

> Sous une double arcature tréflée surmontée de gâbles, deux figures debout.
> Très mutilées, elles ne peuvent être identifiées.
> xive siècle. H^r 1 m. 15.

Ancienne église Saint-Jean-des-Vignes, à Soissons.

D 156. — *Détails de la galerie surmontant le portail occidental.*

> Départs de gâbles, dais, fleurons, figurines d'apôtres.
> xive siècle. (*Don de M. E. Pouzadoux.*)

Cathédrale de Strasbourg.

D. 156^{1.} (Ancien I 25). — Façade occidentale. *Figure ornant un des pieds-droits de la porte nord.*

> Tenant d'une main un phylactère, de l'autre une lance, une femme symbolisant une Vertu est debout sur une petite figure de femme déroulant également un phylactère et symbolisant le Vice opposé. H^r 1 m. 85.

D 156² (I 26). — *Figure adossée au contrefort qui sépare la porte sud de la porte centrale.*

> Vierge folle debout tenant d'une main un phylactère, de l'autre une lampe renversée. H^r 1 m. 65.

D 156³ (I 27-35). — *Têtes.*

> Cinq Vierges folles.
> Un roi.
> Deux vieillards (prophètes).

D 156ᵇ — PORTE NORD.

Le Séducteur et une Vierge folle.

Un homme jeune. en costume civil. couronné d'un chapel de roses présente en souriant une pomme à la Vierge folle.

Elle laisse tomber sa lampe, qui se brise sur le sol, répond également par un sourire et se découvre le sein.

Des reptiles variés. symboles des tentations, grimpent au dos du séducteur et le mordent.

Cet épisode de la parabole des Vierges se répète avec des variantes à Fribourg-en-Brisgau, à Worms, à Bâle.

(Voir le moulage exposé. I. 220.

De 1290 à 1330 environ.   Hᵗ 1 m. 80.

D 156ᵉ — *Buste d'une statue de sainte provenant de* **Strasbourg. (?)**

Couronnée et voilée. vêtue d'une robe serrée à la taille par une ceinture et d'un manteau retenu par une attache, cette figure, dont la provenance précise n'est pas déterminée. rappelle le style des statues de la cathédrale de Strasbourg et présente une étrange ressemblance avec l'une des Vierges sages du portail ouest.

Milieu du XIIIᵉ siècle.   Hᵗ 0 m. 60.

(Collection et don de M. Demotte).

Ancienne église abbatiale de Saint-Denis.

D 157. — *Fragments du portail du bras sud du transept, élevé par Pierre de Montereau ou de Montreuil.*

Sommier des voussures côté ouest.

Moulures saillantes, gorge profonde ornée de crochets et au départ d'une petite tête.

Groupes de l'Annonciation et de la Visitation. Voussure à crochets. petit berger écoutant la voix de l'ange.

Détail du sommet des voussures.

Ange soutenant une couronne.

Epée et baudrier d'un personnage des voussures.

Intrados de la voussure supérieure.

Feuillage et fleurs de rosiers semi-doubles.

Partie du pied-droit.

Les chapiteaux sont ornés de feuilles variées. lierre et autres et se relient à un dais aujourd'hui mutilé.

Le pied droit se compose de colonnettes et de gorges profondes dans lesquelles se détachent en haut-relief des courses de pampres. des bouquets de feuillages.

Dans la dernière, des lys stylisés comme la fleur héra-
dique se rattachent par un pétiole ondulé à une tige couverte de feuilles imbriquées.

Inclinées en alternance ces fleurs de lys affectent la
forme de moules concaves et convexes.

Chapiteau à crochets supportant une retombée d'arcature.

Détails des pieds-droits.

Trois gorges ornées de feuillages variés séparés par des
fûts de colonnettes.

Gorges ornées d'une course de lierre. etc.

Deux gorges ornées d'ure course de feuilles de figuier
et des roses semi-doubles.

Milieu du XIIIᵉ siècle.

Ancienne église abbatiale de Saint-Denis.

D 158. — *Statuette de la Vierge et l'Enfant provenant de
l'abbaye de Longchamp* (?) (Autel de la chapelle de
la Vierge).

> Couronnée, la Vierge porte sur le bras gauche l'Enfant
> qui, d'une main joue avec son voile et de l'autre tient un
> livre.
>
> Premier tiers du XIVᵉ siècle. — Marbre.
>
> Hʳ 1 m. 10 ; Lʳ 0 m. 35.

D. 159. — *Buste de la statue funéraire de Philippe III le
Hardi, roi de France* († 1285), *par Pierre de Chelles
et Jean d'Arras.*

> Premières années du XIVᵉ siècle. — Marbre. Hʳ 0 m. 30.

D 159[1-2]. — *Bustes des statues funéraires de Louis X le
Hutin* († 1316) *et de Philippe V, le Long* († 1322,

> Ces figures, exécutées entre 1327 et 1529. ne présentent
> aucun caractère individuel mais sont un exemple typique
> des formules de l'époque.   Hʳ 0 m. 60.

D 160. — *Statue funéraire de Catherine de Courtenay*
(† 1307), *provenant de* **l'église abbatiale de Mau-
buisson (S.-et-O.).**

> Catherine de Courtenay. fille de Philippe de Courtenay.
> empereur de Constantinople, fut la seconde femme de
> Charles, comte de Valois.

Les mains jointes, elle est étendue, la tête appuyée sur un coussin, les pieds reposant sur deux dragons.

Voilée et couronnée (restauration) elle est vêtue d'une robe et d'un manteau frangés.

Elle est gantée et, par dessus le gant, à la main droite, porte une bague.

L'identité de cette figure n'est pas certaine et elle est aussi désignée à tort sous le nom de Blanche de Castille.

Premier tiers du XIVe siècle. — Pierre de Tournai.

H^r 1 m. 95 ; L^r 0 m. 69.

D 161. — *Statue funéraire de Robert d'Artois* († 1317), *provenant de l'église des* **Cordeliers de Paris**, *par Jean Pépin de Huy et les artistes de son atelier.*

En cotte de mailles et cotte d'armes, et avec jambières de fer, Robert l'Enfant est étendu les mains jointes, les pieds posés sur un lion.

Son épée est suspendue par un large baudrier, son écu, portant de France au lambel à quatre pendants, est attaché à l'épaule par une courroie.

Premier tiers du XIVe siècle. — Marbre.

L^r 1 m. 87 ; L^r 0 m. 50.

D 162. — *Statue funéraire d'une princesse inconnue.*

Elle porte le costume de religieuse, joint les mains et pose les pieds sur deux chiens.

Sur le coussin sont gravés les mots : *Bhe De BRgne Fme DE Ppe D'Aois*, mais cette inscription est moderne et l'exactitude de cette attribution n'a pas encore été démontrée.

Troisième quart du XIVe siècle. — Marbre.

L^r 1 m. 78 ; L^r 0 m. 52.

D 162¹. — *Statuette de la Vierge et l'Enfant provenant de* **Saint-Denis (?).**

Couronnée et voilée, la Vierge est debout, portant sur le bras gauche l'Enfant qui joue avec un oiseau. De la main droite, elle tenait un sceptre ou un fleuron dont la tige seule subsiste.

XIVe siècle.   H^r 1 m. 03.

Collection et don de M. Demotte.

Chapelle de Saint-Germer (Oise).

D 163. — *Rétable.* (Aujourd'hui au musée de Cluny).

Entre la Vierge et saint Jean, le Christ en croix: à droite l'Église, dont la tête et les attributs sont détruits; à gauche la Synagogue présentant les traces du bandeau qui lui couvrait les yeux et de l'étendard à hampe brisée qu'elle tenait. Puis d'un côté, saint Pierre, l'Annonciation, saint Ouen guérissant un paysan paralysé pour avoir enfreint la loi du repos dominical, saint Germer — de l'autre côté, saint Paul, la Visitation. Edouard le Confesseur donnant son anneau à un pèlerin qui n'est autre que saint Jean et enfin un messager rapportant l'anneau et annonçant au roi sa mort prochaine.

Ces figurines, ainsi que le fond de pâte quadrillé en relief et appliqué sur la pierre, étaient peintes et couvertes de dorure.

Deuxième moitié du xiii° siècle. H° 3 m. 70; L° 0 m. 57.

Église de Saint-Leu d'Esserent (Oise).

D 164. — *Statue de saint Leu décorant une chapelle absidale.*

Debout il tient la crosse et bénit (main restaurée).
XII° siècle.   H° 2 m. 10.

Eglise de Saint-Père-sous-Vézelay.

D 165. — Façade occidentale. *Figuré décorant l'arcature centrale du pignon.*

Le Christ assis bénit et tient le livre.
H° 1 m. 48.

D 166. — *Figure décorant une arcature du pignon.*

Saint Pierre debout, portant les clefs.
XIII° siècle.   L° 1 m. 52.

D 167. — *Bas-relief décorant l'intérieur du porche.*

Posés sur des consoles ornées d'animaux fantastiques, un personnage portant un petit modèle d'église et une femme tenant un livre d'heures sont abrités sous une dou-

ble arcature tréflée surmontée de gâbles élancés et de
pinacles, en saillie sur un fond décoré de feuillages. Tombeau probable d'un fondateur.

Fin du XIII⁵ siècle.   H^r 2 m. : L^r 0 m. 98.

Église de Saint-Thibault (Côte-d'Or).

D 168. — BRAS NORD DU TRANSEPT. *Figure décorant l'ébrasement droit du portail, présumée être Hugues V, fils du Duc de Bourgogne Robert II († 1304).*

Imberbe, paré d'un chapel de fleurs posé sur les cheveux qui, roulés au sommet du front, tombent régulièrement divisés, sur la nuque et les oreilles, un chevalier ganté, vêtu de la cotte aux manches serrées et du surcot, est debout et déroule un phylactère.

H^r 1 m. 72; L^r 0 m. 45.

D 168¹. — *Angle d'un cadre de rétable, conservé au* **Musée de Saint-Omer.**

Plaquée dans la gorge, une suite de petites tiges coupées, portent d'un côté une feuille de groseillier et de l'autre une banderolle rectangulaire, sorte d'étiquette.

XIV⁵ siècle.   H^r 0 m. 50.

D 168². — *Statuette de la Vierge et l'Enfant provenant des environs de* **Saint-Omer.**

La Vierge est debout, fortement infléchie. Sur le bras gauche, elle porte l'Enfant habillé, qui bénit et tient le globe.

La main droite de la Vierge porte les traces d'un fleuron.

XIV⁵ siècle.   H^r 0 m. 60.

Musée de Saint-Omer.

Ancienne abbaye de Fontenelle à Saint-Wandrille (Seine Inférieure).

D 168³ — *Portail du cloître.*

La voussure, en tiers point, est décorée de courses de feuillage (lierre, érable) et de statuettes assises sous des dais. (Deux archevêques, quatre évêques). A la clef, un ange déroulant un phylactère.

Au tympan, le Couronnement de la Vierge : Le Christ tenant de la main gauche le globe du monde bénit la Vierge assise à sa droite. Un ange sort des nuées et apporte la couronne ; deux autres anges l'accompagnent et jouent du psaltérion.

A droite et à gauche du trône céleste, sont agenouillés deux abbés avec crosses, sans doute saint Benoit et saint Maur.

Le linteau est simulé et ne fait qu'un avec le tympan. Il est orné de bouquets de feuilles de chêne de grandeurs inégales en alternance. Deux consoles le supportent, l'une est brisée, sur l'autre est sculpté un angelot.

Les montants sont évidés de niches à dais d'architecture. Bien que les travées du cloître qui s'y accolent soient de même époque, quelques manques de concordance dans l'appareil semblent indiquer que le portail avait été conçu en vue d'un autre cadre.

D. 168¹. — *Clef d'une voûte d'ogives à l'angle S.-E. du cloître.*

Médaillon circulaire où sont symétriquement disposés : sur le pourtour deux figures ailées alternant avec deux animaux fantastiques, et, au centre, quatre têtes humaines.

Les figures ailées sont : d'une part un roi couronné et barbu, portant cotte de mailles et cotte d'armes et tenant de la main gauche étendue un petit miroir ; la droite abaissée est fermée ; une draperie repose sur les ailes. — A l'opposé, les ailes et la tête drapées, une femme nue, couronnée d'un chapel de roses, la poitrine velue, la main gauche étendue et la droite agitant une clochette.

Les deux animaux sont : un lion ailé qui regarde le roi et un bouc, couvert d'une housse, qui regarde la femme.

Les quatre têtes du centre représentent : sous le roi, une jeune femme coiffée d'un voile et d'un chapel de fleurs ; sous la femme, un homme jeune, barbu ; sous le lion, un vieillard imberbe, coiffé du chaperon ; sous le bouc, un satyre.

Le roi barbu et ailé, accompagné d'un lion ailé se voit déjà vers le milieu du xiiᵉ siècle sur un chapiteau du bras nord du transept de l'église du Saint-Sépulcre à Jérusalem et sur un autre à Saint-Maurice de Vienne. Il parait probable qu'il représente un Salomon transfiguré, qui, tenant le miroir de la Vérité, symbolise la Sagesse tandis qu'à l'opposé, la femme nue, ailée, à demi bestiale, accompagnée d'un bouc et agitant une clochette personnifie la Folie. La tête de satyre compléterait cette allégorie ; celles du vieillard, du jeune homme et de la jeune femme représenteraient les âges de la Vie. La tête de vieillard pourrait toutefois se rattacher au groupe de la Sagesse, car c'est le support du lion; en ce cas, la signification des deux autres serait difficile à préciser.

xiv⁰ siècle.   Diamètre 0 m. 34.
(Don de M. Lucien Chappée).

Église de Taverny.

D 169. — *Statuette de la Vierge et l'Enfant.*

La Vierge est assise, portant l'Enfant sur le genou gauche.

Il est vêtu, bénit et tient un livre.

La position du bras droit de la Vierge indique l'existence d'un sceptre ou d'un fleuron aujourd'hui disparu.

Fin du xiii⁰ siècle. — Bois.   H⁰ 0 m. 95.

Église Saint-Gengoult de Toul.

D 170. — *Petite porte intérieure.*

Le tympan en tiers point est orné de redents qu'amortissent des feuillages frisés.

Les chapiteaux des colonnettes et les corbeaux ont également des feuillages découpés et ondulés.

Le vantail est orné d'arcatures combinées avec des panneaux à draperies d'un type simple et primitif.

xiv⁰ siècle. — Pierre et bois.   H⁰ 2 m. 80; L⁰ 1 m. 20.

D 171. — *Groupe de chapiteaux d'un pilier de la nef.*

Les feuillages relativement simples encore affectent cependant déjà la disposition en deux rangs de bouquets qui, se précisant, deviendra le type classique du xiv⁰ siècle.

Vers 1300.

Cloître de l'église Saint-Etienne de Toul.

D 172-173. — *Consoles.*

De peu de saillie, très longues, elles sont décorées de feuilles de brionne et d'ellébore.

D 174-176. — *Chapiteaux.*

Bouquets de feuillages variés : roses, potentilles, feuilles d'eau ondulées.

D 177. — *Fragments d'ornementation.*

> Feuilles diverses : chêne, lierre, etc.
> XIVe siècle.

D 177¹. — *Tête d'ange provenant des environs de* **Toulouse** (?)

> XIVe siècle.   H^r 0 m. 25.
> (*Collection et don de M. Huc*).

D 177². — *Statuette de la Vierge et l'Enfant de provenance indéterminée.*

> Légèrement infléchie, la Vierge est debout, portant sur le bras gauche l'Enfant habillé qui joue avec un oiseau. De la main gauche, elle tient trois fleurs.
> XIVe siècle.   H^r 0 m. 75.
> (*Collection et don de M. Huc*).

D 177³. — *Statuette de la Vierge et l'Enfant provenant de* **Triel.**

> Couronnée, la Vierge est debout, portant sur le bras gauche l'Enfant qui, d'une main, joue avec son voile et de l'autre tient le globe.
> Dans la main droite, tige d'un sceptre ou d'un fleuron.
> 1re moitié du XIVe siècle.   H^r 1 m.
> (*Collection et don de M. Demolle*).

Eglise Saint-Urbain de Troyes

D 178. — Façade occidentale. *Tympan de la porte centrale.*

> Divisé par des moulures semblables aux meneaux d'un fenestrage. Dans le quatrefeuille supérieur le Christ ressuscité trône entre deux anges portant les instruments de la Passion. La main droite levée, bénit, la main gauche ouverte présente les stigmates.
> A ses pieds sur deux rangs, les apôtres.
> Dans deux autres quatrefeuilles, la Vierge et saint Jean l'implorent à genoux.
> Dans les deux arcatures inférieures — tréflées — à la droite du Christ, les Elus et Abraham tenant leurs âmes dans les plis de son manteau, à sa gauche, les Damnés et l'Enfer. Deux anges musiciens, un ange portant un phylactère occupent les petits compartiments intermédiaires.

Au linteau. entre deux cordons de feuillage, la Résurrection.

Sur les pieds-droits, deux dais, destinés à abriter des
statues, sont ornés de figurines de fantaisie : Combat d'a-
nimaux. lecteur tenté par un démon, enfant caressant un
chien. homme portant des enfants dans une hotte, dragon,
etc. On remarque les amorces du porche.

H^r 5 m. 50: L^r 6 m. 10.

D 179. — *Partie d'un pied-droit de la porte de gauche.*

H^r 1 m. 13; L^r 0 m. 60.

D 180. — *Fragment d'ornementation de la fenêtre de
droite.*

H^r 1 m. ; L^r 0 m. 40.

D 181. — *Fleuron de la galerie extérieure de l'abside.*

H^r 1 m. 65.

D 182. — *Fragment du rampant.*

Fin du XIIe siècle. H^r 1 m. 25.

D 183-187. — *Gargouilles.*

Figure drapée, les jambes et les bras nus, les cheveux
longs et bouclés. tenant un vase destiné à déverser les
eaux.

Homme grimaçant, coiffé d'un bonnet pointu.

Femme nue, un genou à terre. une main à la tête.

Armé de toutes pièces, un personnage tire l'épée pour
se défendre contre un lion qui lui a sauté sur les épaules.

Un personnage en costume civil, escarcelle à la ceinture. retenant d'une main sa coiffure. appuyant l'autre
sur sa poitrine semble prêt à vomir.

D 188. — *Piscine du chœur.*

Cette piscine qui dessert le maître-autel. présente deux
cuvettes abritées sous une double arcature tréflée surmontée de gâbles à crochets et de pinacles.

Quatre figures. en haut-relief, sont disposées de chaque
côté des gâbles. Au centre. entre deux angelots thuriféraires. le Christ couronnant la Vierge: à gauche, debout.
le fondateur de l'Église. le pape Urbain IV. reconnaissable au rational qu'il porte sur la poitrine. offre un
édicule représentant l'abside de l'église: à droite. à
genoux. le cardinal Aucher, son neveu, fait également
hommage d'une partie de l'édifice.

Le couronnement est composé de quatre dais surmontés d'un crénelage où apparaissent de petites figurines. Quelques-unes, qui semblent défendre la citadelle, portent des arbalètes, arcs, masses. L'une sonne de l'olifant. D'autres au contraire, passives, sont entièrement désarmées.

Une interprétation ingénieuse voit dans ce combat un épisode des luttes qui durèrent un siècle entre les chanoines de Saint-Urbain et les religieuses de Notre-Dame-aux-Nonnains. Fin du XII° siècle.   H^r 3 m. 57 ; L^r 1 m. 90.

Chapiteaux provenant de l'église Saint-Urbain.

D 188^1. — *Chapiteau d'une colonnette isolée.*

D 188^2. — *Chapiteaux de deux colonnettes engagées.*

Double rang de feuillage (lierre, etc.) formant crochets et laissant apparaître la corbeille d'un diamètre uniforme et qui semble le prolongement même du fût de la colonnette.   H^r 0 m. 25 ; 0 m. 20.
(Collection Haussaire).

D 188^3. — *Chapiteau d'une colonne isolée.*

La corbeille porte à sa partie supérieure un rang de feuillage formant crochets.   H^r 0 m. 25.
(Collection et don Demotte).

D 188^4. — **Clef de voûte, provenant de l'église Saint-Urbain.**

Sur un fond de pâte gaufrée imitant une mosaïque et autrefois doré, se détache, en bas-relief, la scène du couronnement de la Vierge.   H^r 0 m. 44.
(Don de M. Boulin).

D 188^5-6. — *Deux figures de prophètes trouvées dans la Seine, près de* **Montier-la-Celle** *(commune de* **Saint-André***). Conservées au* **Musée de Troyes.**

Ces prophètes — non identifiés — mais caractérisés par le bonnet des Juifs, les pieds chaussés et le phylactère sont debout, l'un sur une femme terrassée, l'autre sur un personnage couronné entouré d'écus chargés de singes.

L'attitude dramatique de ces figures est un caractère de l'École de l'Est.

Le style et les costumes sont du XIV siècle, quelques
détails. dans le costume et la coiffure de la femme) sont
un exemple précoce d'une mode qui se généralisera.

Il ne semble pas qu'il puisse être fait état à l'égard de
ces figures d'une mention du registre des comptes de l'église
de Troyes pour l'année 1462, 1463, donnant avec le cube
de pierre de Tonnerre acquise, le nom des sculpteurs Jean
le Boucher et Petit Jean de Malines, chargés de faire des
Ymaiges de Saints, dont deux prophètes au portail Nord
de la Cathédrale.   H^r 2 m. 05 : 2 m. 10.

Ancienne cathédrale Saint-Maurice, à Vienne.

D 1887. — *Fragment d'une frise à incrustations encastrée
dans le mur du chœur.*

> Têtes de profil. tête à triple visage. au milieu de pal-
> mettes symétriques réunies deux à deux par des brace-
> lets.
> Marbre blanc. fonds incrustés d'une pâte brune rou-
> geâtre composée de plâtre. d'oxyde de fer et de résine.
> Milieu du XIIIe siècle.   H^r 0 m. 40 : L^r 1 m. 20.

D 1888. — *Fragment d'un chapiteau du collatéral nord.*

> Corbeille couverte d'une branche de rosiers.
> Le fût à cannelures est antique.
> XIVe.   Fût et chapiteau. H^r 0 m. 40.

D 189. — *Statuette de Vierge de Calvaire*, de la collection
G. Dreyfus.

D 190. — *Statuette de Vierge de Calvaire* de la collection
C. Enlart Musée de Boulogne-sur-Mer).

> Ces deux Vierges qui, dans les groupes de la Crucifixion
> auxquels elles appartenaient. étaient placées en regard
> de la figure de saint Jean, ont entre elles une parenté
> évidente. sont exécutées d'après un modèle consacré et
> sortent peut-être d'un même atelier. XIVe siècle.

D 191. — *Statuette de Vierge de Calvaire ou d'Annonciation.*

> Cette statuette provenant de la collection Wasset est
> aujourd'hui conservée au musée de Cluny.
> XIVe siècle. — Bois.   H 0 m. 32.

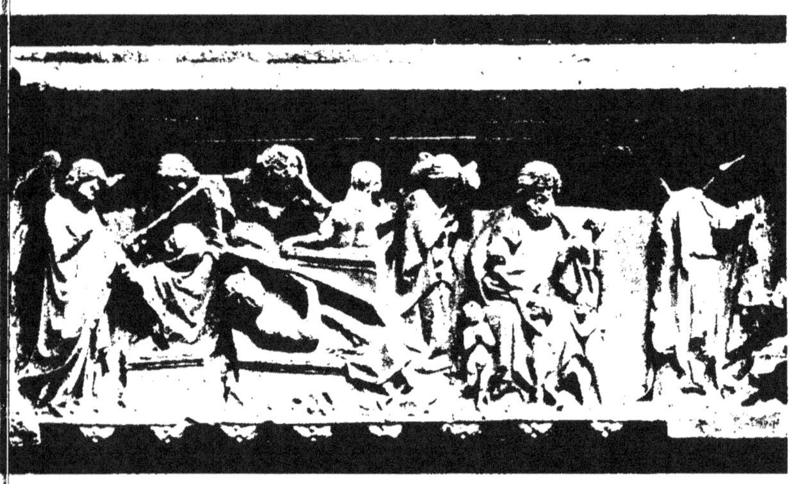

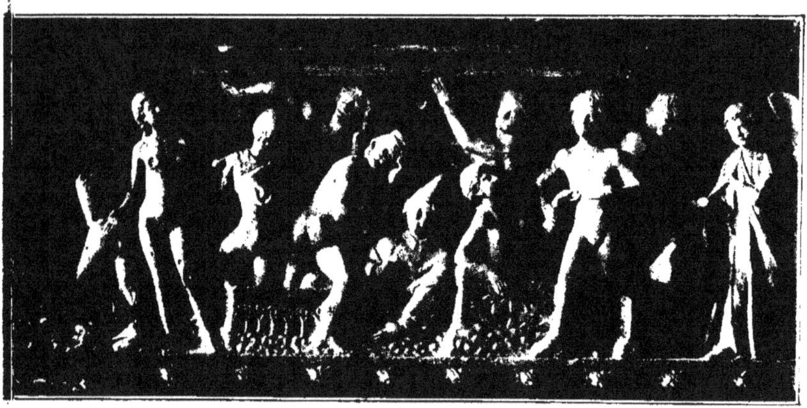

D. 98. — ÉGLISE DE RAMPILLON (SEINE-ET-MARNE).
Linteau du portail occidental. La Résurrection.
Le Jugement Dernier (*fin du XIII* *siècle*).

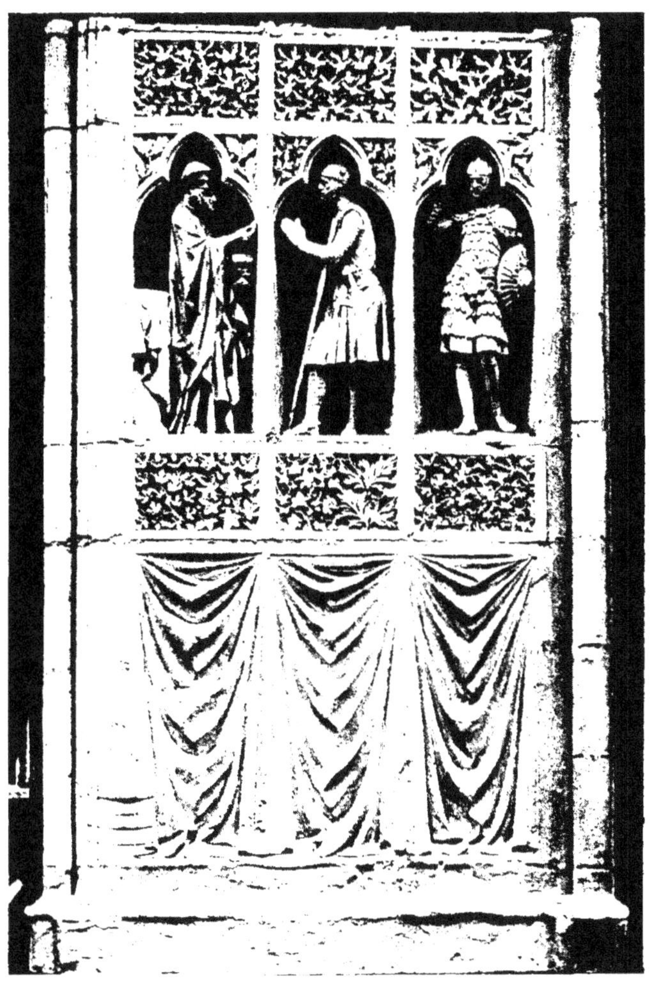

D. 142. — CATHÉDRALE DE REIMS.

Partie de la paroi intérieure de la Façade occidentale *(fin du XIII° siècle)*.

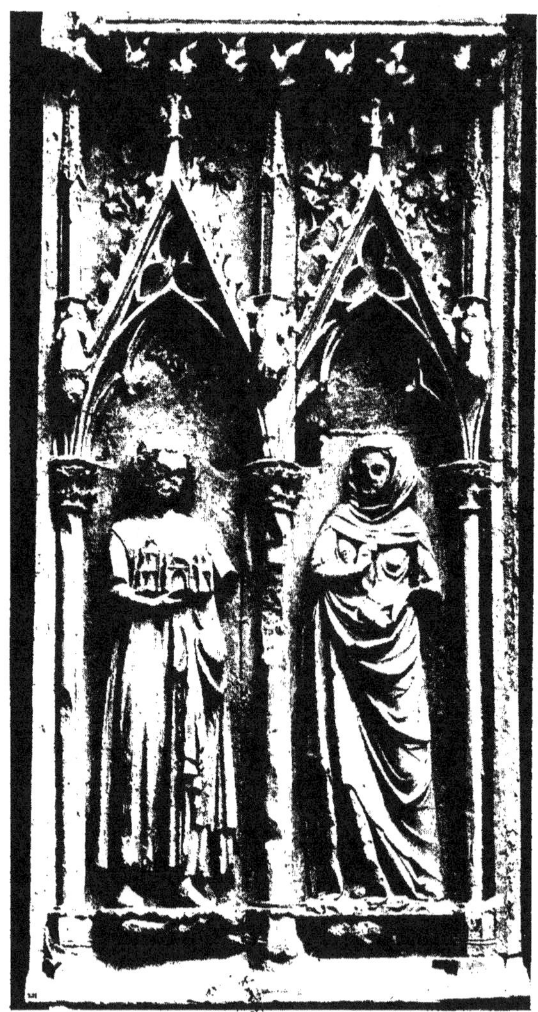

D. 167. — ÉGLISE DE SAINT-PÈRE-SOUS-VÉZELAY.
Bas-relief décorant l'intérieur du porche *(fin du XIIIe siècle).*

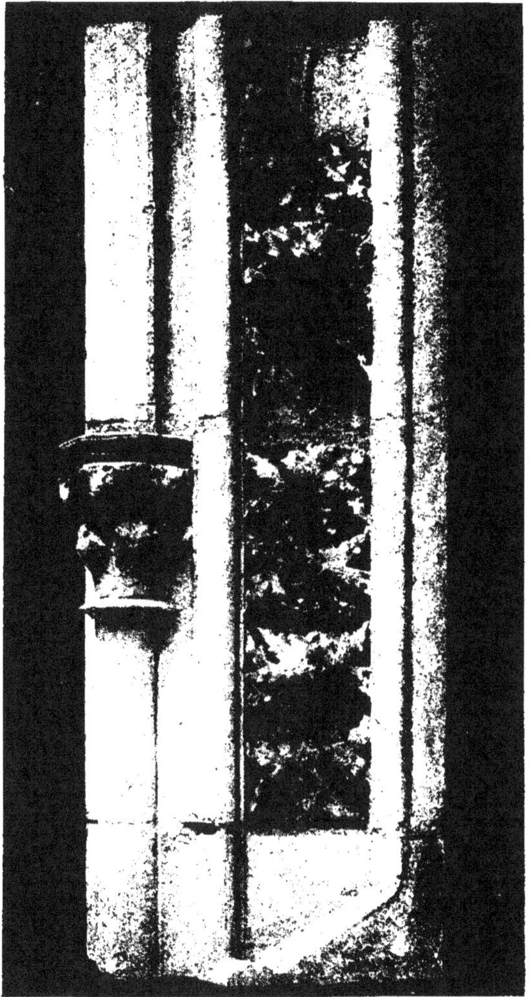

D. 180. — ÉGLISE SAINT-URBAIN, A TROYES.
Détail d'une fenêtre de la façade (vers 1300).

D 192. — *Statuette de Vierge de l'Annonciation, provenant de* l'église de Javernant (Aube).

Sans couronne, la Vierge est debout, infléchie sur le côté, la main droite levée, la gauche tenant un livre.
(Don de M. Mailley du Boullay).
Milieu du XIV° siècle. — Marbre.   H' 0 m. 70.

D 193. — *Statuette de la Vierge et l'Enfant.*

La Vierge est debout, portant sur le bras gauche l'Enfant, qui joue avec un oiseau et tient le globe.
(Don de M. Lelong).
Premier tiers du XIX° siècle. — Marbre.   H' 0 m. 55.

D 194. — *Statue de la Vierge et l'Enfant provenant de* Nanteuil-le-Haudouin (Aisne).

La Vierge, debout, porte sur le bras gauche l'Enfant qui joue avec un oiseau.
(Ancienne Collection Courajod).
Premier tiers du XIV° siècle.   H' 0 m. 65.

D 195. — *Statuette de la Vierge et l'Enfant, provenant de l'ancienne église abbatiale* Saint-Antoine-des-Champs, à Paris.

La Vierge est debout, portant sur le bras gauche l'Enfant qui tient le globe. De la main droite elle tenait un sceptre ou un fleuron.
(Collection A. Bourassé).
Milieu du XIV° siècle.   H' 0 m. 85.

D 196. — *Statuette de la Vierge et l'Enfant.*

La tête couverte d'un voile, la Vierge est debout, portant sur le bras droit l'Enfant demi-nu jouant avec un oiseau.
Premier tiers du XIV° siècle. — Marbre.   H' 0 m. 62.

D 197. — *Statuette de la Vierge et l'Enfant de provenance indéterminée.*

La Vierge est debout portant dans ses bras l'Enfant qui tient le globe.
Premier quart du XIV° siècle. — Marbre.   H' 1 m.

D. 198. — *Statuette de la Vierge et l'Enfant de provenance indéterminée.*

> Debout la Vierge porte sur le bras gauche l'Enfant qui joue avec un oiseau.
>
> De la main droite elle tenait un attribut aujourd'hui détruit.
>
> Premiers tiers du XIV° siècle. — Marbre.   H° 0 m. 62.

D. 199-201. — *Parcloses de stalles de provenance indéterminée.*

> L'attribution qui avait été faite de ces parcloses à Notre-Dame de Paris ne semble s'accorder ni avec leur style ni avec l'iconographie.
>
> La place principale donnée à saint François paraît indiquer qu'elles appartenaient à un couvent de Franciscains. Leur style — très différent de celui qui régnait alors à Paris — est au contraire analogue à celui de certains monuments rhénans d'une part et aussi à celui de l'école du Midi de la France.
>
> A la partie supérieure, au centre des volutes ajourées d'un grand rinceau, saint François à genoux recevant les stigmates — l'apparition du Crucifix couvert de six ailes de séraphin. De maigres feuillages et quatre animaux fantastiques décorent l'extérieur du rinceau. Au-dessous, abritées par une double arcature, deux figures de saintes, debout, probablement sainte Claire et sainte Catherine.
>
> Disposition analogue. Dans le seul rinceau conservé, saint Pierre assis, en costume de pape.
>
> La petite parclose intermédiaire présente dans une volute soutenue par un dragon, d'un côté le bœuf de saint Luc, de l'autre, le lion de saint Marc.
>
> Au-dessus, une petite figure de femme debout, dont l'attribut est brisé.
>
> Ces parcloses, qui ont appartenu à la collection Stein sont aujourd'hui dans celle de M. Pierpont-Morgan.
>
> *(Don de M. G. Harntschell.)*
>
> XIV° siècle. — Bois.   H° 2 m. 98.

D. 202. — *Petit groupe de provenance indéterminée.*

> Sous un dais d'architecture, le Christ conduit par deux gardes. Devant lui un serviteur de Pilate tenant une aiguière.
>
> *Collection particulière.*
>
> XIV° siècle.   H° 0 m. 45; L° 0 m. 22.

D 203. — *Clef de voûte de provenance indéterminée, conservée au musée de Dijon.*

> Masque d'homme à demi-caché par les pampres qui s'échappent de sa bouche. La disposition des amorces des branches d'ogives, toutes sur un côté de cette clef, montrent qu'elle appartenait à une abside.
> XIVᵉ siècle.

D 204. — *Clef de voûte de provenance indéterminée.*

> Dans un quatrefeuille, le Christ assis, bénit et tient le livre.
>
> (*Collection et don de M. Demotte*).
> Cᶠ du XIVᵉ siècle. Hᵣ 0 m. 45.

D 205-206. — *Retombées d'une archivolte de fenêtre provenant de **Lorraine**.*

> Deux petites têtes imberbes, aux cheveux régulièrement divisés et ceints d'un bandeau émergent d'un feuillage stylisé et supportent les départs de l'archivolte.
>
> (*Collection et don de M. Demotte*).
> XIVᵉ siècle. Hᵣ 0 m. 25.

D 207. — *Angelot de provenance indéterminée.*

> Accroupi, il déroule un phylactère. La destination primitive de cette petite figure n'est pas plus connue que sa provenance. La silhouette générale semblerait indiquer un claveau de voussure, mais la face postérieure étant également sculptée, cette hypothèse doit être écartée. Peut-être décorait-elle le bras d'une croix, le rampant d'un gâble ou faisait-elle partie de la décoration d'un tombeau.
>
> (*Collection et don de M. Demotte*).
> XIVᵉ siècle. — Marbre. Hᵣ 0 m. 20.

Collection de fragments d'époque gothique léguée par le sculpteur Rodin.

D 208. — *Bases, bouquets, clefs de voûte, crochets, écoinçons, frises, montant et gorges de feuillages etc., etc.*

> Décor floral étudié sur nature.
> (Chêne, lierre, rosier).
> (Sur le pupitre et au mur).

D 209. — *Trois fragments de penture.*

> Fer forgé.

D 210 à 214. — *Chapiteaux.*

Corbeilles couvertes de feuillage et de fleurs de caractère réaliste.

D 215-216. — *Fragments de frises.*

Gouges décorées de feuillages appliqués.

D 217. — *Crochet.*

Feuille stylisée. XIVe siècle.

STYLE GOTHIQUE FLAMBOYANT

Cathédrale Saint-Sauveur d'Aix.

E 1. — *Porte de la façade occidentale, par Jean Guiramand.*

La façade de la cathédrale Saint-Sauveur, commencée
en 1477 par Léon Alvernhas fut achevée sous la direction
de Pierre Socquet.

Les vantaux de la porte furent exécutés de 1508 à 1510,
d'après les dessins des frères Raymond et Jean Bothit,
ouvriers sur bois, par le fustier Jean Guiramand de
Toulon.

Dans l'ornementation de ces vantaux, apparaissent
juxtaposés des motifs du Moyen âge et de la Renaissance.
La statuaire elle-même se rattache à ces deux arts.

Au trumeau est adossée une statue de la Vierge et l'Enfant qui n'aurait pas été, parait-il, primitivement affectée
à cette place, mais proviendrait d'une autre église d'Aix.

Les vantaux sont formés de deux champs superposés,
encadrés d'une bordure très fouillée, guirlandes de fleurs
et de fruits, animaux réels et chimériques.

Dans la partie supérieure étagées sur deux rangs, douze
statuettes de Sibylles debout, abritées sous des dais. Derrière chacune d'elles un phylactère déroulé.

Ce sont à droite :

Les Sibylles Agrippa (un fouet), d'Erythrée (une rose),
de Cumes (un berceau) — de Tibur (attribut détruit), de
Delphes (des pains), Persique (une lanterne).

A gauche :

Les Sibylles Européenne (attribut détruit), Samienne
(attribut détruit), Hellespontique (une croix) — Lybienne
(un cierge), Phrygienne (une trompe), Simmérienne (attribut
détruit). A la partie inférieure, abrités sous des arcatures

à crochets, les quatre prophètes Ezéchiel, Daniel, Isaïe et Jérémie, sont debout, déroulant des phylactères. Isaïe tient une verge, Jérémie le charbon ardent. Les pilastres qui les séparent sont chargés d'arabesques, de génies et des symboles des Évangélistes.

C⁰ du XVI⁰ siècle. Pierre, bois.

Hᵗ de la porte 5 m. 40 ; Lʳ 5 m. 56.
Hᵗ d'un vantail 1 m. 50 ; Lʳ 1 m. 86.

E 2. — *Rétable dit de la Tarasque* provenant de la sacristie des Grands-Carmes où il avait été érigé en 1470 par Urbain Aygosi.

Intéressant à divers points de vue, légende populaire, costumes, ce rétable est composé de cinq personnages abrités sous une niche dont l'arcade surbaissée est ornée d'écussons aux armes du donateur.

Au centre, debout, sainte Anne et devant elle la Vierge portant l'Enfant.

Jésus tient le globe terrestre et l'extrémité d'un phylactère sur lequel se lit :

Per me reges regnant et conditor legum justa decernunt

En bas-relief sur le piédestal de ce groupe, un *Ecce homo* sortant à mi-corps de son sarcophage. Il est couronné d'épines et adossé à la croix que surmontent le Soleil et la Lune et qu'entourent les instruments de la Passion. Sur le sarcophage l'inscription :

Aspice sacrolis pro te divina hostia salis

A gauche, debout, saint Maurice coiffé d'un heaume dont la visière est relevée et portant sur son armure de plates un labar orné d'une double croix fleurdelysée.

La main droite s'appuyait sur une lance aujourd'hui brisée, la gauche est posée sur la garde de l'épée. *S. Mauricius*.

A droite, sainte Marthe, dans l'attitude de la prière, émergeant du dos de la Tarasque, dans la gueule de laquelle se voit encore un pan de sa robe.

XV⁰ siècle. Hᵗ 2 m. 75 ; Lʳ 3 m. 60.

Cathédrale Notre-Dame d'Amiens.

E 3-5. — *Statue adossée à l'un des contreforts de la* CHAPELLE SAINT-JEAN-BAPTISTE *à l'Angle* N. O.

Ce contrefort, destiné à consolider la tour ébranlée par les cloches, fut élevé entre 1373 et 1375 sous l'épiscopat de Jean de la Grange, évêque d'Amiens et cardinal.

Les statues sont superposées dans l'ordre suivant :

Jean Bureau († 1400), Sire de la Rivière, Conseiller de Charles V et de Charles VI.

Il tient de la main gauche ses gants et de la droite relève le pan de la cape qu'il porte sur sa robe. Il est coiffé d'un chapeau bas.

Cette statue, posée sur un socle à pans, est surmontée d'un dais.   H' 4 m. 96 ; L' 1 m. 43.

Le Dauphin qui devint le roi Charles VI en l'an 1380 († 1422).

Abrité sous un dais, tête nue, couvert d'un manteau à collets, le Dauphin tient entre les mains une fleur de lis.

La console est formée d'une figure tenant un phylactère.   H' 4 m. 28 ; L' 1 m. 43.

Saint Jean-Baptiste.

Sous un dais en forme de clocheton, aux rampants ornés de crochets, saint Jean-Baptiste tient sur un bras l'Agneau.

Les cheveux et la barbe longs, il est vêtu d'une peau de chameau et d'un manteau aux larges plis.

La console est formée d'une figure jouant de la guitare.   H' 5 m. 80 ; L' 1 m. 04.

E 6. — *Statue adossée à l'un des contreforts de la chapelle Saint-Jean Baptiste, à l'angle N. O.*
    Charles V.

Abrité sous un dais, couronné, vêtu du manteau fendu sur l'épaule, le roi tient des deux mains un sceptre fleurdelysé.

La console est formée d'une figure tenant un phylactère.

Un écu aux armes est placé à droite de chaque personnage sur un petit contrefort non moulé.

Troisième quart du XIV° siècle.   H' 4 m. 85 ; L' 1 m. 03.

Autres effigies exposées de Charles V : Statue de saint Denis, buste des Célestins de Paris.

Cathédrale Notre-Dame d'Amiens.

E 7. — *Stalles du chœur, exécutées par Antoine Ancquier Jehan Trupin, Arnould Boulin, et Alexandre Heudebourg dit Huet, de 1508 à 1522.*

Ces stalles, dont cent dix subsistent sur cent vingt, sont disposées sur deux rangs, hautes et basses.

Stalle haute. Le dorsal, très élevé, est divisé en panneaux

encadrés de frises de rubans et de feuillages et d'arcatures redentées, surmontées d'accolades feuillues de tracés
variés. Il est abrité sous un dais couronné d'une claire-
voie reliant de grandes accolades et s'appuyant sur des
clochetons qui portent des culots pendants. Le ciel est
composé de petites voûtes sur croisées d'ogives ondulées.

Sur les miséricordes, différentes scènes du sacrifice
d'Abraham.

Première à droite : — Abraham s'appuyant sur un
fagot, tenant de la main gauche une torche allumée, le
glaive au côté, gravit la montagne. Chargé d'un fagot,
Isaac le suit. Au fond un petit bâtiment.

2° L'âne et les deux jeunes gens qui ont accompagné
Abraham.

3° Abraham lève le bras pour frapper Isaac à genoux
sur le bûcher lorsqu'un ange apparaît et saisit l'épée.

4° Le sacrifice du bélier.

Les accoudoirs sont ornés d'une légère frise d'arabesques et de figurines, traitée dans le style de la Renaissance et constituant ainsi une exception dans le monument.

Les appuie-mains sont formés de petites figures ronde-
bosse : le pileur, le renard prêchant les poules, le bou-
langer.

Stalle basse. Sur la jouée terminale, en bas-relief, abritées sous de riches arcatures à crochets et redents, deux
scènes de la vie de la Vierge : L'Éducation, la Présentation
au temple.

1° Dans une salle voûtée d'ogives, assise sur un esca-
beau, Anne, un livre sur les genoux, apprend à lire à
Marie. Derrière elle, une haute cheminée, avec crémaillère,
dont le linteau et la hotte sont ornés d'anges tenant des
écussons et de deux oiseaux affrontés. Au fond de la
salle, un banc au dossier très élevé décoré de draperies et
d'une crête ajourée. A droite un dressoir couronné d'un
dais présente, sculptée sur ses portes, la scène de l'Annonciation.

Un vase et divers ustensiles sont placés sur les étagères.
Un chat se cache entre les pieds.

2° La jeune Marie monte seule les degrés du temple.
En haut, debout, le grand prêtre lui tend les bras. A sa
gauche, sont trois jeunes filles, à sa droite, un jeune
homme. Au bas de l'escalier, Joachim et Anne.

Sur la rampe de la jouée, en ronde bosse, les songes de
Pharaon : les sept vaches grasses, les sept vaches maigres,
les sept épis pleins, les sept épis vides. Sur la première
miséricorde, en bas-relief, Pharaon demandant aux devins
d'Egypte l'explication des songes. — Sur la deuxième,

l'échanson lui faisant part de l'habileté de Joseph à les interpréter.

Les accoudoirs sont décorés d'arabesques et de figurines, traitées comme celles de la stalle haute, dans le style de la Renaissance.

L'appuie-main isolé est un petit personnage à longue barbe. L'appuie-main d'angle est formé de deux personnages se tenant étroitement pressés, les têtes sous un même capuchon.

Commencement du xvi° siècle.

Bois.   Hᵣ 6 m. 60; Lᵣ 2 m. 55; Pᵣ 2 m. 85.

E 8. — *Statuette.*

Dieu le père assis, la main droite (brisée) levée dans l'attitude de la bénédiction, la main gauche tenant le globe du Monde. Il porte une tiare à trois couronnes et le manteau jeté sur les épaules est retenu par un fermail d'orfèvrerie.

Bois.   Hᵣ 0 m. 26.

E 9. — *Haut-relief.*

Demi-nu, à peine couvert d'une peau de bête un moissonneur coupe des épis avec une faucille. Au fond un paysage composé de deux arbres encadrant une construction à créneaux.

Bois.   Hᵣ 0 m. 33.

Au Musée d'Amiens.

E 10-12. — *Corbeaux de poutres.*

Trois têtes de moines dont deux sont traitées en caricatures.

xvᵉ siècle. — Bois.

E 13. — *Tête de Notre-Dame de Pitié.*

Vers 1500.

Statuette provenant d'une **fontaine des Andelys.**

E 14. — *Sainte Clotilde.*

La sainte est debout, couronnée. De la main droite elle tient le modèle d'une chapelle, de la gauche elle présente un livre ouvert.

A genoux à ses pieds, une petite figure de donatrice.

(Don de M. Adolphe Geoffroy). Hᵣ 0 m. 68.

Eglise Saint-Pierre d'Avignon.

E 15-16. — *Statuettes décorant la chaire à prêcher.*
> Un prophète. — Saint André.
> Quatrième quart du XIVe siècle.   H^r 0 m. 62 ; L^r 0 m. 52.

E 17. — *Buste de la statue funéraire du Cardinal Pierre de Luxembourg († 1387), provenant de l'église des Célestins d'Avignon, conservé au* **Musée Calvet.**
> Le Bienheureux Pierre de Luxembourg porte une mitre triangulaire ornée d'orfrois.
> Quatrième quart du XVIe siècle. — Marbre.   H^r 0 m. 45.

E 18. — *Buste de la statue funéraire de Clément VII, Antipape († 1394, provenant de l'église des Célestins d'Avignon, conservée au* **Musée Calvet.**
> Tête coiffée d'une double tiare, appuyée sur deux coussins ornés de croix et de clefs.
> Quatrième quart du XIVe siècle. — Marbre.   H^r 0 m. 72.

E 19. — *Buste de la statue funéraire du pape Urbain V († 1370, provenant de l'église Saint-Martial, autrefois église des Bénédictins d'Avignon, conservée au* **Musée Calvet.**
> Tête coiffée d'une tiare à triple couronne, reposant sur un double coussin.
> Troisième quart du XIVe siècle. — Marbre.   H^r 0 m. 60.

E 20. — *Buste d'une statuette de prophète conservée au* **Musée Calvet.**
> Vers 1300.   H^r 0 m. 20.

E 21-22. — *Figures provenant du Mausolée du Cardinal Jean de Lagrange († 1402) dans l'église Saint-Martial d'Avignon conservées au* **Musée Calvet.**
> Le Christ assis, couronné, la main droite levée dans l'attitude de la bénédiction.
> Saint Pierre, debout, présente un personnage qui, vêtu d'une houppelande, couronne en tête, est à genoux sur un coussin.
> Premier quart du XVe siècle. — Marbre.
> Groupe : H^r 1 m. 25 ; L^r 0 m. 70. Christ : 1 m.

E 23. — Chapelle sépulcrale d'Avioth (*Meuse*.

Cette chapelle attenante à l'église d'Avioth, était spécialement destinée à abriter l'officiant, le jour des Morts, pendant la messe et la bénédiction.

Elle devint ensuite lieu de pèlerinage et fut connue sous le nom de *Recevresse*, parce que l'on y déposait les offrandes destinées au clergé.

De plan hexagonal, élevée sur une plateforme, elle a pour fond un mur plein enclavant l'autel et supportant avec quatre colonnes basses et trapues une claire-voie, balustrades de rosaces ajourées, fenestrages encadrés de clochetons évidés de niches et couronnés d'accolades élancées.

Cette lanterne est surmontée d'une flèche ajourée aux arêtes ornées de crochets et que couronne un fleuron.

A l'intérieur, un écu fascé, timbré d'un heaume ayant pour supports un lion et un griffon présente les armoiries de la famille luxembourgeoise Rodemack, dont un membre, Rollin, fut nommé évêque de Verdun par Benoît IX, et résida dans la région jusque vers 1408. A la même époque, un de ses frères habitait Montmédy.

Attenant à cette chapelle, la porte du cimetière surmontée d'une claire-voie.

Commencement du XVᵉ siècle.

Hʳ 13 m. 50; Lʳ totale (chapelle et porte) 7 m. 50.

E 24. — *Tête de Christ, couronnée d'épines, provenant de l'église* **Saint-Sauveur** *de* **Beauvais**, *conservée au Musée archéologique.*

3ᵉ quart du XVᵉ siècle. Hʳ 0 m. 27.

Cathédrale Saint-Pierre de Beauvais.

E 25. — *Porte du bras méridional du transept* (*Encadrement*).

(*V. Renaissance*).

Eglise Saint-Saturnin de Blois.

E 26. — *Dais d'une voussure du portail.*

XVᵉ siècle. Hʳ 0 m. 90; Lʳ 0 m. 60.

Maison à Blois, place Saint-Louis, 3.

E 26¹. — *Amortissements de poutres.*

> Têtes masculines et féminines — Saint Georges et le Dragon. — Personnages dans des attitudes tourmentées, l'un tenant un fléau. Jeune homme mettant un genou à terre devant une jeune fille tenant à la main un objet indéterminé.
>
> XV° siècle. — Bois.

E 27. — *Effigie d'un duc de Bourbon (Charles Ier ?) provenant de* **Bourbon-l'Archambaud** *(Allier).*

> Couronné, en costume d'apparat, le duc, les mains jointes, est agenouillé sur un coussin.
>
> XV° siècle.   H° 0 m. 30.
>
> (*Don de M. Bertrand*).

E 28-30. — **Eglise de Brou, à Bourg.**

> L'église de Brou fut élevée de 1511 à 1536 par les soins de Marguerite d'Autriche veuve de Philibert le Beau. Les travaux furent exécutés d'après les projets et les dessins de Jean Perréal, sous la direction de l'architecte Van Boghem et du statuaire Conrad Meit.

A. *Tombeau de Philibert II le Beau Duc de Savoie.*

                                   († 1504)

> a. b. — Faces d'un pilier du soubassement.
>
> Sur chacune, une statuette de femme sous un dais ajouré. Le tombeau en comporte dix, qui sont dénommées les dix vertus du prince. Parmi elles figurent deux statuettes sans doute transposées et représentant sainte Madeleine et sainte Marguerite. Aucun attribut ne permet d'identifier les autres.
>
> c. d. Statuettes de femmes.

B. *Tombeau de Marguerite de Bourbon († 1483) mère de Philibert le Beau.*

> a. Panneau du soubassement.
>
> Trois niches abritant un pleurant en habits de deuil et deux angelots tenant des écus armoriés.
>
> b. Statuette de sainte Marguerite.
>
> c. d. e. f. Fragments d'ornementation. (Feuilles de choux frisé, bouquet de marguerites).

C. *Tombeau de Marguerite d'Autriche (✝ 1530) femme de Philibert le Beau.*

a. Statuette de sainte Catherine.

b. Fragments d'ornementation : double gorge à redents portant les initiales P et M enlacées de la cordelière, le briquet de Bourgogne, la palme et la branche de gui.

c. Initiales **P.** M et cordelière.

d. Bouquet de marguerites.

e. Buste de la gisante placée sur la dalle inférieure.

Un monogramme et deux devises se répètent sur tous les monuments de l'église de Brou.

P. M. — Philibert-Marguerite.

Fert. F. E. R. T. initiales de la devise de l'ordre militaire de l'Annonciade et de la Maison de Savoie dont on a donné mainte interprétation, et entre autres : *Federe et religione retenemur.*

Fortune, Infortune, Fortune — allusion aux malheurs de Marguerite d'Autriche, répudiée de Charles VIII, veuve du prince de Castille, puis du Duc de Savoie.

E. 30¹. — *Figures du rétable des Sept joies de Marie.*

a. Vierge d'Annonciation.

b. Visitation.

c. Nativité.

E. 30². — *Cloître de l'église de Brou,* à **Bourg.**

Pichet décorant la base d'un pilier.

Cathédrale Saint-Etienne de Bourges.

E. 31. — *Porte de la sacristie du Chapitre.*

Cette porte fut élevée de 1443 à 1450 aux frais de Jacques Cœur, et terminée par son fils Jean Cœur, archevêque de Bourges.

Les pieds-droits, ornés de nervures, présentent des niches dépourvues de statues et se terminent par des pinacles élancés.

La baie en anse de panier, est surmontée d'un arc en tiers point couronné d'une accolade. Sur l'accolade et le fleuron, deux écus, l'un aux armes papales timbré de la tiare, l'autre aujourd'hui buché tenu par un angelot, couronné, était de France.

Une petite niche accostée de deux écus lisses décore le tympan.

Le vantail de la porte est divisé en trois panneaux cou-

verts de moulures disposées en fenêtrage et de trois écus
aux armes de Jacques et de Jean Cœur, armes qui se
répètent sur l'une des deux consoles des ébrasements.

Une double baie géminée s'ouvre en arrière du gâble,
entre les deux pinacles des pieds-droits.

Milieu du XVe siècle. H^r 8 m. 15 ; L^r 3 m. 57.

Palais Ducal de Bourges.

E. 32. — *Quatre fragments d'une cheminée du 1er étage.*

Moulure profondément creusée dans laquelle s'ébattent
des ours et des oursons.

Jean de Berry (1340-1416). frère de Charles V. fit recons-
truire le palais ducal à dater de 1375 par les architectes
Guy et Drouet de Dammartin. L^r 0 m. 65 ; H^r 0 m. 26.

Sainte-Chapelle.

**Fragments de l'autel de Notre-Dame-la-Blanche
exécuté vers 1400 par Jehan de Rouppy dit Jean de
Cambrai.**

E. 33. — *La Vierge et l'Enfant.*

H^r 1 m. 26.

— *Deux groupes d'Anges.*

H^r 0 m. 72.

— *Tête de Jean de France. Duc de Berry (avant
et après restauration .*

H^r 0 m. 27.

— Modèle exécuté par le statuaire Adolphe Geoffroy pour
la restitution du buste de la statue funéraire de la duchesse
Jeanne de Boulogne. d'après le dessin de Hans Holbein
conservé au Musée de Bâle. H^r 0 m. 90.

Les débris de l'Autel de N.-D.-la-Blanche ont été disper-
sés. — La Vierge et l'Enfant. les deux priants sont conservés dans la Chapelle absidale de la Cathédrale ; les anges
sont au Musée.

Marbre.

Gisant et fragments du tombeau du Duc Jean de Berry († 1416) sculpté par Jean de Roupy dit de Cambray, Etienne Bobillet et Paul Mosselmann.

(terminé vers 1457).

E 34. — *Le duc porte la couronne et un costume d'apparat dans lequel des incrustations de marbre noir représentent l'hermine.*

Les mains croisées sur la poitrine tiennent un phylactère gravé :

Quid sublime genus, quid opes, quid gloria prestent
Prospice mox aderant hec michi ; nunc abeunt

Sous ses pieds, un ourson enchainé à muselière fleurdelysée.

Autour de la dalle funéraire en marbre noir se déroule l'inscription :

Cy repose prince de très noble mémoire monseigneur Jehan, fils, frère, oncle de Roys de France et nepveu de l'empereur Charles roy de Behangne duc de Berry et d'Auvergne, comte de Poitou, d'Estampes, de Gien, de Boulongne et d'Auvergne, et per de France, qui édifia, fonda, dotta et garnist de très sainctes relicques, et de très riches ornemens ceste saincte chapelle. Et trespassa à Paris, en l'âge de LXXVI ans. l'an mil quatre cens et seize, le quinziesme jour de juing : Priez Dieu pour l'âme de Luy. Et en mémoire duquel : Charles VII roi de France son nepveu et héritier, prince très Xrian et très victorieux jist faire ceste sépulture.

E 34¹. — *Ourson placé sous les pieds de la statue funéraire du duc de Berry.* (Voir le n° précédent).

Crypte de la Cathédrale.   H. 0 m. 65.

E 34² à ¹⁵. — *Quatorze statuettes de pleurants.*

Musée et collections privées.   L. 0 m. 42.

E 34¹⁶. — *Apôtres endormis au Jardin des Oliviers.*

H. 0 m. 20.

E 34¹⁷. — *Angle orné. Rosace flamboyante et monogramme.*

E 35. — *Masque dit d'Agnès Sorel. (1409-1450).*

Une tradition rapporte que ce masque provenant de sa statue funéraire, aurait été exécuté d'après un moulage pris à la mort de la maitresse de Charles VII.

XVᵉ siècle. — Marbre.   Musée de Bourges.

Hotel Jacques Cœur à Bourges (aujourd'hui Palais de Justice).

E 36-37. — *Façade sur la rue. Fausse fenêtre, partie d'une fausse fenêtre.*

> On y remarque les bustes de deux personnages se penchant pour regarder dans la rue.
>
> Hr 4 m. 25; Lr 2 m. 15. Hr 1 m.; Lr 1 m. 10.

E 38. — *Tourelle du grand escalier de la Cour d'honneur. Quatrefeuilles alternant avec les baies du fenêtrage.*

> Hr 1 m. 20; Lr 0 m. 90.

E 39. — *Tympan d'une porte.*

> Hr 0 m. 95; Lr 1 m. 40.

E 40. — *Fragment de décoration.*

> xve siècle. Hr 0 m. 30; Lr 1 m. 30.

E 41. — *Statuette de Vierge de provenance indéterminée* conservée **à l'Hospice de Moissac.**

> Cette figurine de terre-cuite, accroupie et drapée dans un grand manteau, faisait partie d'une scène de la Nativité de l'Adoration des Bergers et des Mages. Les mains aujourd'hui brisées, étaient jointes.
>
> Fin du xve siècle. Hr 0 m. 24.

Eglise de Bueil (Indre-et-Loire).

E 42. — *Statue funéraire de Pierre de Bueil († 1414).*

> Vêtu de mailles, de jambières et d'une cotte armoriée Pierre de Bueil est étendu, la tête appuyée sur un coussin, les pieds posés sur un chien.
>
> La position des bras indique que les mains aujourd'hui brisées étaient jointes contre la poitrine.
>
> Pierre de Bueil, chevalier, seigneur du Bois et de la Mothe de Sonzay, bailli de Touraine, était le fils puiné de Jean II, Sire de Bueil, comte de Sancerre, de Marans amiral de France, grand maitre des arbalétriers.
>
> La tête est en marbre, le corps en pierre. Hr 1 m. 77.

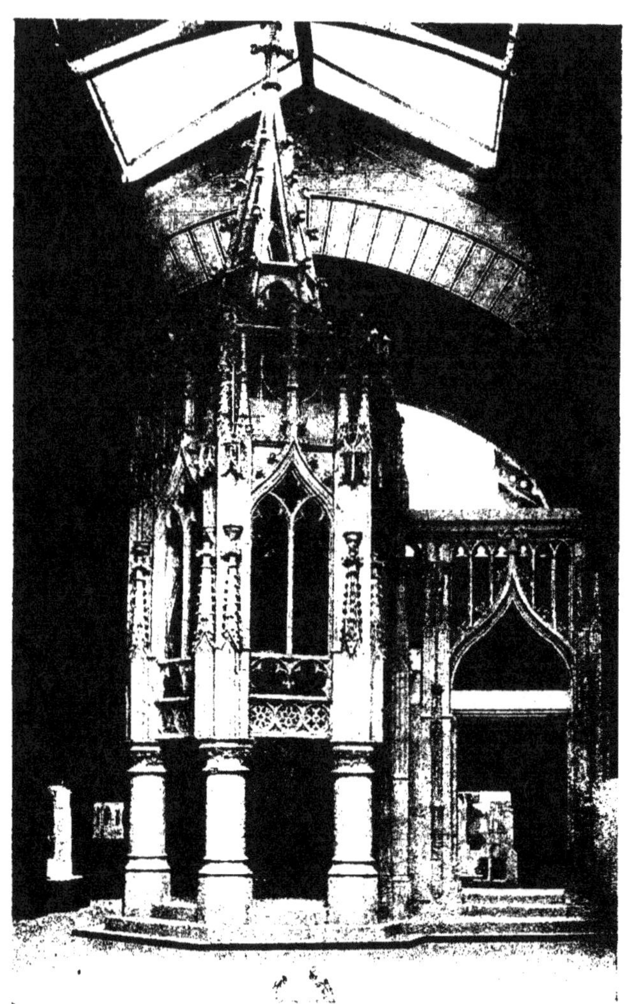

F. 23. — CHAPELLE SÉPULCRALE
d'Avioth (XV*e* *siècle*).

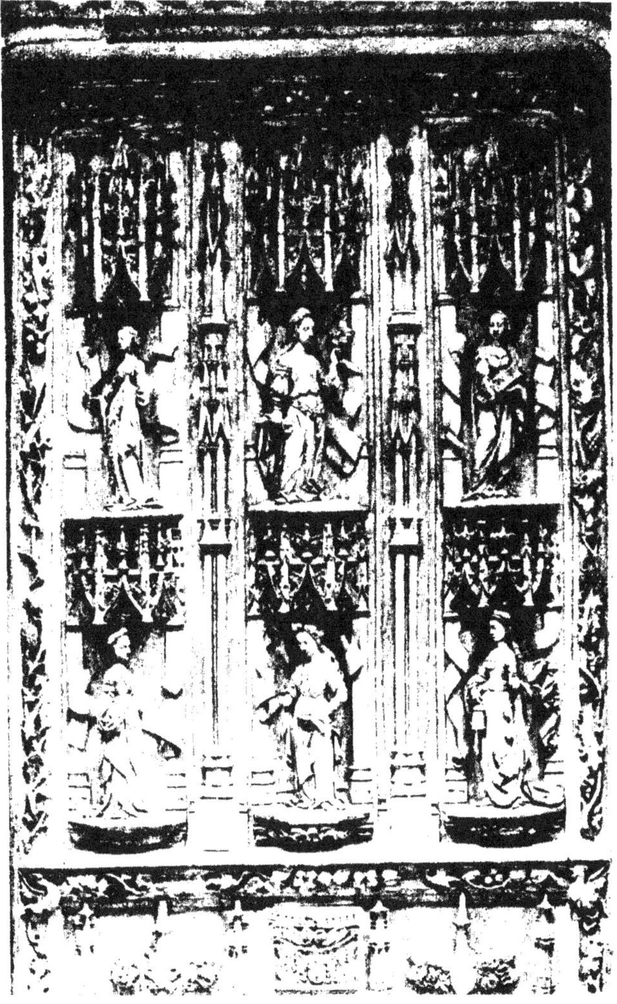

E. I. — CATHÉDRALE D'AIX.

Porte de la façade occidentale, par Jean Guiramand. Panneau supérieur
de droite *commencement du XVIe siècle*.

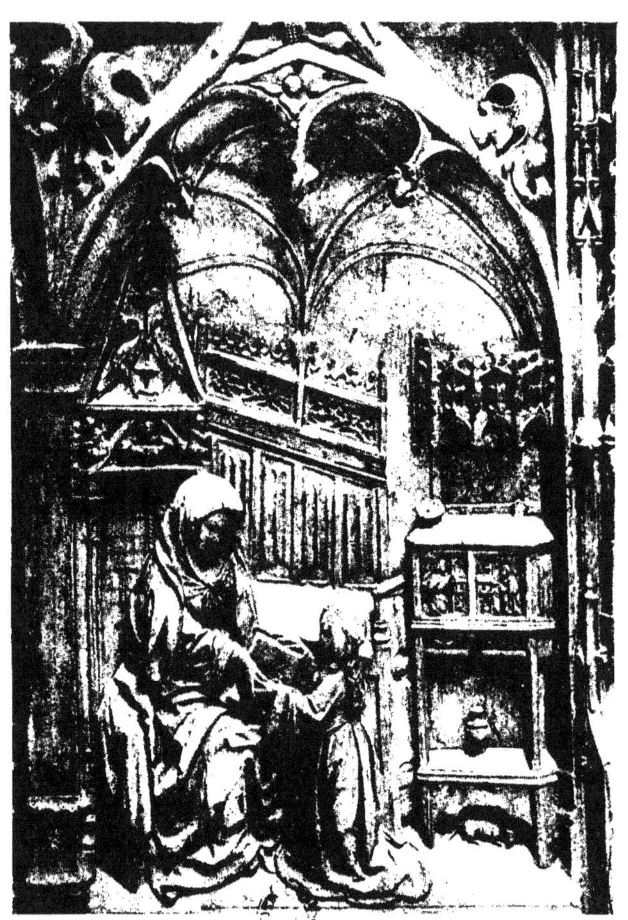

F. 7. — CATHÉDRALE D'AMIENS.

Détail d'une Jouée de Stalle (*premier quart du* xvie *siècle*).

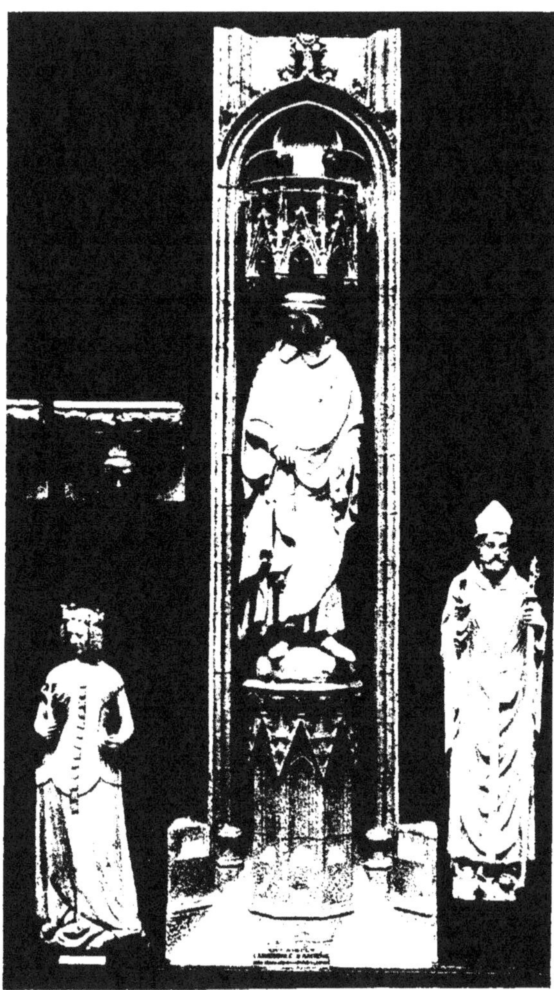

F. 3-5.   CATHÉDRALE D'AMIENS.

Jean Bureau, Sire de la Rivière. Statue adossée au contrefort dit « le Beau Pilier
de la chapelle Saint-Jean » *(exécutée vers 1375)*.

E 43. — *Statue funéraire de Marguerite de Chausse, femme de Pierre de Bueil († après 1443).*

> Vêtue de la robe et du surcot, Marguerite de Chausse est étendue, la tête appuyée sur un coussin, les mains jointes, les pieds posés sur un chien.
>
> Tête et mains en marbre, corps en pierre.   H⁽ 1 m. 80.
>
> Cette figure et la précédente étaient à l'origine, ainsi qu'en témoigne un dessin de Gaignières, réunies sur une même dalle funéraire « enclavée dans le mur » (Enfeu) et le soubassement présentait une suite de pleurants abrités sous une arcature.

E 44. — *Statue funéraire de Jeanne de Montejean († avant 1455), femme de Jean V de Bueil.*

> Coiffée d'un atour, d'un surcot et d'une robe portant ses armes, Jeanne de Montejean est étendue, la tête appuyée sur un coussin, les pieds posés sur deux petits chiens.
>
> Les mains aujourd'hui brisées, étaient jointes contre la poitrine.
>
> La tête est en marbre, le corps est en pierre.
>
> Ces trois statues, mutilées et enfouies sous le chœur de l'église pendant la Révolution furent retrouvées lors des fouilles de 1868.
>
> XV⁽ siècle.   H⁽ 1 m. 77.

Eglise Saint-Pierre de Caen.

E 45. — CHAPELLE DU BAS-COTÉ SEPTENTRIONAL. *Console en forme de chapiteau portant une colonnette.*

> H⁽ 0 m. 95 ; L⁽ 0 m. 25.

E 46. — *Chapiteau d'une colonnette supportant la retombée d'un arc.*

> Milieu du XV⁽ siècle.   H⁽ 0 m. 45.

Eglise Notre-Dame de Froide Rue à Caen.
(actuellement St-Sauveur).

E 47. — *Claveau de l'arc d'une fenêtre de la* FAÇADE MÉRIDIONALE.

> Une large feuille de chou frisé s'adapte à la paroi extérieure ; un branchage de chêne et de glands se détache de la gorge.
>
> Milieu du XV⁽ siècle.   H⁽ 0 m. 50 ; L⁽ 0 m. 70.

E 48. — *Série de fragments (crochets) provenant de différentes églises de Normandie et particulièrement de
Caen.*

xv*e* siècle.

Cathédrale Notre-Dame de Chartres.

E 49. — CLOTURE DU CHŒUR. 5*e* *travée méridionale.*

> Clôture élevée à dater de 1514, sous la direction de Jean
> le Texier, dit Jean de Beauce, par Jean Soulas, Pierre De-
> lorme, Nicolas Guibert, François Marchand, etc.
> Continuée aux siècles suivants par Thomas Boudin, Tuby
> le Jeune, Dieu dit Sablon, Thomas Mazières, Augé de Lyon,
> etc., etc.
> Divisée en panneaux par deux rangs d'arcatures flam-
> boyantes, la partie inférieure est percée d'une petite porte
> en anse de panier couronnée d'une accolade à crochets de
> feuillage.
> A droite et à gauche deux statuettes de femmes, l'une
> tirant un monstre hors d'une tour et symbolisant la Force,
> l'autre accompagnée d'un animal dont la tête brisée ne
> permet pas de déterminer l'espèce.
> La porte, couverte de tracés flamboyants, présente sur
> son meneau central une figurine très mutilée de la Vierge
> et l'Enfant.
> La partie supérieure forme une niche sans fond, abritant
> cinq personnages en ronde bosse : La présentation de la
> Vierge au Temple.
> Marie gravit les degrés de l'escalier. Au premier plan,
> Joachim et Anne.
> Derrière eux, une servante et un petit garçon tenant un
> panier. La bordure du vêtement de Joachim porte un galon
> orné de lettres, dont la succession interrompue par les plis
> ne permet pas de déterminer si elles ont ou non un sens.
> H*r* 4 m. 70; L*r* 2 m. 15.

E 50. — *Groupe de la 12e travée.*

> L'Adoration des Mages.
> Couronnée, la Vierge est assise, tenant l'Enfant posé sur
> un coussin. Elle a quitté le livre qu'elle lisait, le marquant
> d'un lac de patenôtres. De la main gauche elle porte un
> vase (brisé) que vient de lui offrir un roi Mage agenouillé.
> En arrière, debout, les deux autres rois présentent égale-
> ment des vases.

Les Mages sont ici figurés par trois races, la blanche, la
jaune et la noire.

Sur le parement externe, une statuette, un personnage
déroulant un phylactère (prophète). Hʳ 2 m. 05 ; Lʳ 2 m.

E 51-52. — *Statuettes.*

Abrités sous les dais et supportés par des consoles
ornées de chimères, deux personnages qui semblent être
des évêques, tiennent des livres ouverts.

(*Voir Renaissance*). Hʳ 0 m. 62.

Motifs divers provenant de Chartres.

E. 53-54. — *Deux crochets.*

Cep de vigne et choux frisés.

E 55. — *Baguette.*

Rinceaux de pampres sortant de gueules de dragons et
accostant un écu au chef chargé de trois roses et portant
une tête de loup, dont deux mains écartent les mâchoires.

xvᵉ siècle. — Bois. Hʳ 0 m. 10 ; Lʳ 1 m. 03.

E 56. — *Amortissement de deux retombées d'archivoltes du Clocher Neuf.*

Dragon fantastique. xvᵉ siècle.

E 57. — *Statuette de sainte Marthe conservée au Musée de* Château-Gonthier (*Mayenne*).

Sainte Marthe est debout, tenant le bénitier et le goupil-
lon, foulant aux pieds la tarasque.

xvᵉ siècle. — Bois. Hʳ 0 m. 70.

E 57¹. — *Statue dite « la Dansarelle » conservée dans* l'église de Chavanac (Corrèze).

Salomé portant la tête de saint Jean-Baptiste.

xvᵉ siècle Hʳ 0 m. 90.

Ancienne Chartreuse de Champmol, près de Dijon.

E. 58-60. — *Statue décorant le portail de l'église, par Jean de Marville (✝ 1389) et Claus Sluter (✝ 1404-1405). Consoles par Pierre Beauneveu.*

Au trumeau, sur un socle orné de feuillages et des ini-

tiales P. et M.. la Vierge debout. légèrement infléchie, porte
l'Enfant sur le bras gauche. Coiffée d'un voile présentant
les traces d'une couronne, elle est vêtue d'une cotte serrée par une ceinture d'orfèvrerie et d'un manteau aux larges
plis.

La main droite, rejetée en arrière. tenait un sceptre.

A gauche et à droite, sur des consoles portées par des
personnages accroupis. les statues de Philippe le Hardi et
de Marguerite de Flandre.

Coiffé d'un bourrelet destiné à recevoir une couronne,
vêtu d'une houppelande d'hermine. le duc de Bourgogne
est à genoux. les mains jointes.

Vêtue de la cotte ajustée et du surcot. la duchesse de
Bourgogne est agenouillée dans l'attitude de la prière.

Derrière le duc et la duchesse. leurs patrons, saint Jean-
Baptiste tenant un agneau sur le bras droit. et sainte
Catherine s'appuyant sur la roue brisée. semblent les pré-
senter à la Vierge en s'inclinant avec une révérence.

De 1387 à 1393.   H^r 2 m. 67.

E 61. — *Monument connu sous le nom de* **Puits de
Moïse** *ou des Prophètes. occupant le centre d'un
puits qu'entourait autrefois le Cloître de la Chartreuse de Champmol. Claus Sluter et Claus de Werve
en ont sculpté la décoration.*

Ce monument. autrefois entièrement peint, et doré.
n'était autre chose que le socle d'un Calvaire où figuraient
la Vierge. saint Jean et la Madeleine aux pieds du Christ
en croix. Calvaire détruit en 1793. et dont il ne reste que
des fragments conservés au Musée de Dijon.

Ici comme dans un grand nombre de monuments. la
superposition des figures de l'Ancien et du Nouveau Tes-
tament. forme un symbole affirmant que l'Ancienne Loi
demeure la base de la Nouvelle.

Une pile à six pans porte sur chacune de ses faces la
statue d'un prophète debout sur un cul-de-lampe feuillu.

Aux angles sont des colonnettes au-dessus desquelles
des anges pleureurs. sans attributs et en diverses attitudes
semblent soutenir sur leurs ailes éployées une corniche en
forte saillie.

Les prophètes se présentent dans l'ordre suivant :

1° Moïse. de la main droite tenant les tables de la Loi.
et de la gauche un phylactère.

Inscription peinte : *Immolabit agnum multitudo filiorum
Israël ad vesperam.*

2° David. couronne en tête, s'appuyant sur une lyre et
déroulant un phylactère.

Inscription gravée : *Foderunt manus meas et pedes meos, dinumeraverunt ossa mea.*

3° Jérémie, tenant un livre ouvert d'où se déroule un phylactère.

Inscription gravée : *O vos omnes qui transitis, attendite per viam et videte si est dolor sicut dolor meus.*

4° Zacharie tenant d'une main un calame et de l'autre une écritoire et un phylactère qui portait l'inscription : *Appenderunt mercedem meam triginta argenteos.*

5° Daniel, tenant un phylactère.

Inscription peinte : *Post hebdomadas sexaginta duas occidetur Christus,*

6° Isaïe un livre sous le bras, un phylactère déroulé, sur lequel se lisait : *Sicut ovis ad occisionem et quasi agnus coram tondente se obmutescet et non aperiet os suum.*

Monument restauré en partie à l'époque de son transfert.

Exécuté de 1395 à 1402. Hr 4 m. 50 ; Lr 2 m. 80.

E 62. — *Bras de la statue de la Madeleine du Calvaire surmontant le Puits de Moïse (voir le n° précédent).*

Sous un ample surcot, manches serrées, fendues jusqu'aux coudes et fermées d'une suite de petits boutons.

Musée de Dijon. Hr 0 m. 25 ; Lr 0 m. 37.

E 63-73. — *Statuettes de pleurants décorant le tombeau de Philippe le Hardi, duc de Bourgogne († 1404), sculpté de 1383 à 1412 par Jean de Marville († 1389), Claus Sluter († 1404) et Claus de Werve († 1439).*

Le tombeau de Philippe le Hardi, placé autrefois dans le chœur de la Chartreuse de Champmol, est conservé au musée de Dijon.

Ces statuettes que leur costume a fait désigner sous le nom de moines, sont en réalité des pleurants, officiers laïques ou ecclésiastiques du défunt, et costumés pour le cortège des funérailles, d'une ample robe de deuil recouvrant leurs vêtements ordinaires, robe donnée (livrée) pour la circonstance.

1er quart du xve siècle. — Marbre. Hr 0 m. 45.

E 74-78. — *Statuettes de pleurants décorant le tombeau de Jean sans Peur, Duc de Bourgogne († 1419, sculpté par Jean de la Huerta et Antoine le Moiturier de 1443 à 1470.*

Le tombeau de Jean sans Peur, placé autrefois dans le chœur de l'église de la Chartreuse de Champmol, est conservé au musée de Dijon.

Milieu du xve siècle. — Marbre. Hr 0 m. 45.

E 79. — *Saint Georges. Statuette par Jacques de Baerze, conservée au* **Musée de Dijon.**

Cette statuette décore le rétable connu sous le nom de « Chapelle portative des ducs de Bourgogne » sculpté pour la chapelle de la Chartreuse de Dijon de 1390 à 1399. par Jacques de Baerze, peint et doré par Melchior Brœderlam.

Debout, saint Georges est revêtu d'une armure à solerets pointus, sur laquelle un pourpoint est serré à la taille par une étroite ceinture d'orfèvrerie, et à hauteur des hanches par une ceinture plus large. Il est coiffé d'un heaume, dont la visière est relevée et qui est posé sur un camail lacé au pourpoint par trois aiguillettes.

Les deux bras sont levés, le droit tient une épée à quillons recourbés, le gauche, un écu échancré.

Les gantelets de métal sont recouverts d'une sorte de mitaine de cuir.

Au côté droit de la poitrine, l'arrêt de la lance.

Fin du XIVe siècle.   H^r 0 m. 39.

Bois peint, doré et argenté.

Eglise de Curemonte (Corrèze).

E 80. — *Petit buste de Christ.*

De la main gauche le Christ tient le globe. Le bras droit brisé, devait être levé dans l'attitude de la bénédiction.

H^r 0 m. 39.

Au Musée de Douai :

E 81. — *Détail d'une grille exécutée de 1424 à 1446 par ordre de Gille Boinebroke, veuve de Martin de Gouy pour sa maison, rue des Foulons, à Douai.*

Ce panneau forme un judas ouvrant à clef dans un des angles inférieurs de la grille fermant une baie pratiquée entre la maison de Martin de Gouy et l'église Sainte-Catherine au Chastel bourgeois, pour permettre aux habitants de la maison d'assister aux offices.

La grille est formée de montants et traverses décrivant une suite de carrés que décorent des brindilles tournées en quatrefeuilles.

Le panneau ouvrant se compose d'une tôle pleine : au revers est fixée la serrure et sur la face s'applique une tôle découpée. Celle-ci forme une composition décorative traitée en silhouette : branches de rosier avec feuilles et boutons, autour de laquelle s'enroule une banderole portant la devise :

La belle le vueille

Le monogramme M. G. (Martin et Gille) en majuscule s'encadre dans les feuillages, au-dessus et au-dessous est tracé ce quatrain en lettre minuscule gothique :

Que Deix perdoint Martin de Gouy
Commenchier fist cheste hœvre chi
Demoiselle Gille s'espeuse
Fut de tout parfaire songueuse

Les dates de décès de Martin de Gouy (1424) et de sa femme (1436) sont connues par l'épitaphe inscrite sur le monument funéraire de leur famille, qui s'élevait autrefois dans la collégiale Saint-Pierre de Douai. Cette inscription a été conservée dans un épitaphier composé au xvi° siècle et qui fait aujourd'hui partie des collections du Musée Condé à Chantilly (Livre de raison de Louis de Montmorency).

Fer.   H^r 0 m. 26 ; L^r 0 m. 33.

Chateau de la Ferté-Milon (Aisne).

E 82. — *Haut-relief surmontant la porte d'entrée.*

Le Couronnement de la Vierge.

Le Christ assis sur une haute chaire se tourne vers la Vierge agenouillée devant lui et la bénit. De la main gauche il maintient sur son genou le globe terrestre.

La Vierge est tête nue, les cheveux dénoués. Elle croise les mains et s'incline. Un ange, à genoux, est devant elle. Trois autres, les ailes éployées, l'accompagnent. L'un relève la traîne de son long manteau. Un dernier, sortant des nuées, dépose la couronne sur sa tête.

Cette composition entourée d'un bandeau de choux frisés, est encadrée d'un arc en anse de panier dont les redans portent à leurs retombées de petits anges musiciens. Dans les écoinçons supérieurs, deux angelots thuriféraires; sur le bandeau inférieur, trois angelots soutenant deux écus aux armes d'Orléans, de France au lambel à trois pendants. Cette œuvre a été exécutée de 1392 à 1407.

  H^r 5 m. 10 ; L^r 6 m. 40.

Église Notre-Dame de l'Épine.

E 83-85. — *Crochets.*

E 86. — *Gorge décorée de feuillages.*
>xv⁵ siècle.   H⁽ 0 m. 20; L⁽ 0 m. 44.

Église Notre-Dame de Louviers.

E 87. — *Figurine d'amortissement d'un fronton de culée.*
>Composition caricaturale qui figure un moine, la robe retroussée, chevauchant à l'envers un pourceau.
>>*(Don de M. Haussaire).*
>xvᵉ siècle.   H⁽ 0 m. 40.

E 88. — *Fragment de chapiteau.*
>xvᵉ siècle.

E 89. — *Statuette d'ange servant de* **girouette,** *par Jehan Barbet, de Lyon, tailleur d'images, fondeur et canonnier du roi.*
>Vêtu d'une longue robe, un fleuron d'orfèvrerie au front, l'ange est debout, le bras gauche, qui tenait une bannière est ramené au corps ; l'index de la main droite étendu indique la direction du vent, qui trouvait un appui sur les ailes.
>Sur l'une d'elles, on lit en minuscule gothique en relief.
>>*Le XXVII jour de mars l'an mil CCCCLX — XV*
>>*Jehan Barbet, dit de Lion, fit cest angelot.*
>
>Cette statuette, de provenance indéterminée, fut acquise à Paris vers le milieu du xixᵉ siècle et conservée au *château de Lude* (Sarthe) jusqu'en 1905. Elle appartient aujourd'hui à la collection Pierpont Morgan.
>3ᵉ quart du xvᵉ siècle. — Cuivre.   H⁽ 1 m. 12.

Cathédrale Saint-Jean de Lyon.

E 89¹. — *Balustrade de la Chapelle des Bourbons.*
>Fondée en 1486 par le Cardinal Charles de Bourbon, archevêque de Lyon, pour abriter son tombeau, cette

chapelle fut achevée après sa mort (1488) par les soins de son frère, Pierre, comte de Forez.

Le cerf-volant qui court au travers de la claire-voie est un des emblèmes de la famille de Bourbon.

H^r 1 m. 50; L^r 3 m. 18.

Eglise de Montigny-en-Chaussée.

E 89² — *Croisée du transept.*

Branche d'ogive accostée de rinceaux dont les éléments rappellent la forme générale du briquet de Bourgogne.

E 89³⁴ — *Deux branches d'ogives décorées de cercles tréflés et d'engrelures.*

E 89⁵ — *Branche de lierne flanquée d'engrelures en anse de panier.*

L^r moyenne 1 m. 10

Eglise Notre-Dame à Montluçon. (Allier).

E 89⁶ — *Mère douloureuse.*

La Vierge est assise, portant sur les genoux le corps de son fils raidi par la mort.

XVe siècle. — Pierre peinte.   H^r 1 m. 10; L^r 1 m. 25.

Remparts du Mont Saint-Michel.

E 90. — *Lion décorant une courtine.*

Lion assis soutenant un écu aux armes de Robert Jolivet XXXe abbé (en 1411).

Commencement du XVe siècle.   H^r 1 m. 40.

E 90¹ — *Porte de la maison dite des Centaures à Montferrand. (Puy-de-Dôme), rue de la Fontaine, 11.*

Les jambages de l'arc, tracé en tiers point, sont formés de moulures se pénétrant au linteau et à la clef. Au tympan, un blason, en haut-relief, a pour tenants deux centaures, mâle et femelle, armés de la massue et combattant. Il est timbré d'un heaume à lambrequins, dont le cimier est un ange, aux ailes éployées, tenant d'une main une rondache et de l'autre, une épée nue.

XVe siècle.   H^r 3 m. 30; L^r 4 m. 70.

E 90². — *Fragment d'une Adoration des Mages en haut-relief provenant de* **Nancy.**

> La Vierge, les cheveux dénoués s'échappant du voile, est assise et se penche vers ceux qui viennent adorer l'Enfant.
> Vers 1500.   Hᵣ 0 m. 25.

Cathédrale Saint-Pierre de Nantes.

E 91-92. — Façade occidentale. *Deux groupes de la voussure du portail central.*

> Figures de femmes agenouillées, présentées par leurs anges protecteurs.
> xvᵉ siècle.   Hᵣ 0 m. 58.

E 93. — *Tête de saint Maurice conservée au* **Musée d'Orléans.**

> Cette tête couverte d'une salade à vue coupée, qui fut longtemps désignée sous le nom de « Jeanne d'Arc » provient d'une statue qui décorait autrefois l'église Saint-Éloi d'Orléans.
> xvıᵉ siècle.   Hᵣ 0 m. 20.

Chapelle du château de Pagny (Côte-d'Or).

E 94. — *Statue funéraire de Jean II de Vienne, dit « à la longue barbe », Seigneur de Pagny († 1435).*

> Gisant portant la cuirasse et la cotte d'armes, blasonnée d'un aigle à deux têtes. Les mains sont jointes dans l'attitude de la prière, les pieds appuyés sur un singe épuçant un chien.
> Sur la dalle est gravée l'inscription :
> *Cy gist noble baron Mess. Jehan de Viane, Chᶦᵉʳ Senʳ de Paigny et de Bignan, que trépassa au dit Bignan, la veille des Bordes, l'an mil CCCCXXXV*
> Milieu du xvᵉ siècle.   Lᵣ 2 m. 12.

E 94 bis. — *Buste de la statue précédente.*

Église Saint-Séverin, à Paris.

E 95. — *Pilier du* déambulatoire.

> Il est dépourvu de chapiteau. Autour du fût, se développant en spirale, des moulures prismatiques se terminent en pénétration dans les arcs de la voûte.
> xvᵉ siècle.   Hᵣ 6 m.

E 95¹. — *Décoration extérieure de la maison dite le Grand Pignon, élevé pour Nicolas Flamel (✝ 1418) à* Paris, *rue de Montmorency.*

Gravure analogue à celle employée par les tombiers pour les dalles funéraires.

Inscription gravée sous la corniche à la suite d'une main indicatrice :

Nous hommes et femmes laboureurs demourant au porche de ceste maison qui fufaicte en l'an du grâce mil quatre cens et sept sommes tenus chacun en droit soy dire tous les jours une patenostre et 1 une Marie en priant Dieu que de la grâce face pardon aux povres pecheurs trespasses. Amen.

Au Musée du Louvre :

E 96. — *Statue funéraire de Philippe de Morvillier (✝ 1438). Premier Président au Parlement de Paris, provenant de la Chapelle Saint-Nicolas de l'église du monastère de Saint-Martin-des-Champs, à Paris.*

Les mains jointes contre la poitrine, Philippe de Morvillier est étendu, la tête appuyée sur un coussin, les pieds posés sur un chien.

Coiffé d'une calotte, il est vêtu d'une robe de dessous, autrefois peinte en rouge, ajustée aux poignets par des boutons, serrée à la taille par une ceinture à laquelle pend une aumônière. Il porte un capuchon et un manteau échancré à larges manches, orné de trois rangs d'hermine sur l'épaule.

La Chapelle Saint-Nicolas fut fondée en 1426, par Philippe de Morvilier et Jeanne du Drac, sa femme.

La tête et les mains sont en marbre ; le corps en pierre.

2ᵉ quart du xvᵉ siècle. Lʳ 1 m. 80.

E 97. — *Chef et mains d'une statuette de* saint Nicaise, *provenant de l'église qui lui était consacrée à* Reims.

Saint Nicaise martyr tient sa tête entre les mains.

xvᵉ siècle. Hʳ 0 m. 25.

E 98. — *Statue funéraire de Philippe VI, Roi de France (✝ 1350), attribuée à André Beauneveu.*

Gisant du tombeau des entrailles de Philippe VI provenant de l'église des Jacobins de Paris détruite en 1796.

Couronné, la tête appuyée sur un coussin, vêtu de la robe et du manteau, le roi est étendu, tenant de la main droite le sceptre et de la gauche le sachet contenant les entrailles.

3ᵉ quart du XIVᵉ siècle. — Marbre.   Lᵍ 1 m 72: Lᵣ 0ᵐ55.

Voir également d'André Beauneveu, la statue de Charles V, de Saint-Denis.

E. 99. — *Statue funéraire de Jean de Dormans, Évêque de Beauvais († 1380).*

La tête appuyée sur un coussin, vêtu d'une robe que recouvre une cape échancrée au côté droit, Jean de Dormans est étendu les mains jointes.

Cette statue provient de la chapelle du Collège de Dormans, dite de Saint-Jean de Beauvais à Paris, dont il fut fondateur.

4ᵉ quart du XIVᵉ siècle.

La tête et les mains sont en marbre. Lᵍ 1 m. 70: Lᵣ 0 m. 60.

E. 100. — *Buste d'une statue de Charles V, roi de France († 1380).*

Statue provenant du portail de l'ancienne église des Célestins de Paris.

4ᵉ quart du XIVᵉ siècle.

Autres statues de Charles V : Amiens, Saint-Denis.

Hᵗ 0 m. 55.

Au Musée de Cluny :

E. 101. — *Tête de la statuette agenouillée de Jeanne de Laval, femme du roi René, provenant d'Aix en Provence.*

(Don de M. Pouzadoux).

XVᵉ siècle.   Hᵗ 0 m. 28.

A l'Ecole des Beaux-Arts :

E. 102. — *Rosace provenant de l'étage supérieur de la tourelle de l'ancien Hôtel de la Trémoille.*

Fin du XVᵉ siècle.   Hᵗ 0 m. 68.

Palais de Justice de Poitiers.

E. 103-105. — *Trois statues décorant la cheminée de la* GRANDE SALLE *(Salle des Pas-Perdus).*

Ces statues occupent les niches de la claire-voie sur-

montant la triple cheminée qui fut construite à l'extrémité
de la grande salle du Palais du Duc Jean de Berry, par le
maître d'œuvre et sculpteur Guy de Dammartin de 1384 à
1386.

Les sculpteurs Jean de Huy, Hennequin le flamand et
Hennequin de Bruges (peut-être le même) ont contribué
à ces travaux sans qu'on puisse déterminer leurs parts
respectives.

Charles VI († 1422).

Couronné, vêtu d'une robe et d'un manteau agrafé sur
l'épaule, le roi tenait un sceptre. La main droite fait un
geste de commandement.

La reine Isabeau de Bavière.

Jeanne de Boulogne, seconde femme du duc, remarié en
1389.

Couronnées, les cheveux dans une résille, elles sont
vêtues d'un surcot ouvert orné d'un fermail et de chatons;
la cotte est garnie à hauteur des hanches d'une ceinture
d'orfèvrerie.

De la main droite, Isabeau de Bavière tient un bouquet
de feuilles, maladroite restauration qui remplace probablement une fleur de lys.

4e quart du XIVe siècle.   H° 1 m. 90, 1 m. 88, 1 m. 61.

Église de Recloses (Seine-et-Marne).

E 106-108. — *Trois panneaux de rétable, en haut relief.*

Scène de la vie de saint Éloi.

Ces panneaux de provenance indéterminée, ont été
déposés dans l'église de Recloses, au commencement du
XIXe siècle. Ils appartenaient au XVIIIe siècle, à un nommé
Jacques Segogne et l'inscription qu'ils portent de ce nom
fut longtemps considérée comme la signature de l'auteur
de ce monument.[1]

Commencement du XVIe siècle. — Bois.   H° 0 m. 55.

Cathédrale Notre-Dame de Reims.

E 109. — *Corbeau du grand portail.*

Petite figure d'homme en costume civil, portant autour
du poignet gauche un clavier et tenant dans la main droite
un poinçon.

XVe siècle.   H° 0 m. 20.

E 109 1. — *Deux écoinçons trouvés sur l'emplacement des dépendances du cloître de la Cathédrale.*

Combats d'animaux chimériques.   H 0 m. 45 et 0 m. 30.

E 109 2. — *Deux amortissements de bases trouvés rue Robert de Coucy, sur l'emplacement du cloître de la cathédrale.*

Lions tenant des ceps de vigne dans leur gueule.

H 0 m. 28 et 0 m. 22.

Eglise Saint-Maclou de Rouen.

E 110-111. — Façade occidentale. *Deux groupes de la voussure du portail central.*

Un roi et une reine à genoux, présentés par leurs anges protecteurs.

XVe siècle.   H 0 m. 65.

E 112. — *Encadrement de la porte nord.*

E 113. — *Encadrement du bras nord du* transept.

(Voir Renaissance).

E 114. — *Escalier des orgues.*

Encore complètement gothique, cet escalier semble avoir été exécuté au début du XVIe siècle (1518-1519) à l'époque où Pierre Gringore était maître de l'œuvre.

Il n'était certainement pas destiné à la place qu'il occupe aujourd'hui contre la tribune des orgues, mais plutôt au jubé. En effet, divers ornements et statuettes ont été coupés et leur examen démontre qu'il a été déposé et remonté.

La cage de pierre dans laquelle les trois révolutions de cet escalier à vis sont renfermées, présente, dans l'état actuel, quatre faces complètement ajourées de dessins flamboyants enrichis de feuillages et de petits animaux. Les contreforts sont ornés de niches, de clochetons et de figurines (Prophètes et Sibylles). Le vantail appartient au style de la Renaissance.

Pierre. Bois.

E 115. — *Couronnement de la porte et partie de la cage de l'escalier.*

Commencement du XVIe siècle.

Pierre.   H 1 m. 85 ; L 1 m. 10

(Voir le n° précédent).

Cathédrale Notre-Dame de Rouen.

E 116. — *Porte de la Chapelle du Trésor.*

Cette porte, en fer forgé, est construite comme un ouvrage de menuiserie et se compose de panneaux assemblés dans un bâti à feuillures.

La partie supérieure qui se termine par un tympan en anse de paniers est entièrement ajourée de tracés flamboyants, rehaussés de roses estampées, formant boulons. La partie inférieure est pleine et décorée de panneaux semblables aux panneaux de bois dits à draperies ou serviettes. La serrure et la poignée sont ornées de motifs d'architecture de même style.

XVᵉ siècle. — Fer forgé.   Hʳ 2 m. 70 ; Lʳ 1 m. 20.

E 117. — Façade occidentale. *Tête d'une statue décorant le contrefort au nord du grand portail.*

Saint Antoine. XVᵉ siècle.   Hʳ 0 m. 48.

E 118. — *Bête d'amortissement (Portail Saint-Jean).*

XVᵉ siècle.

Ancienne Abbaye de Savigny-le-Vieux (Manche).

E 119-123. — *Miséricordes.*

Une femme assise, accostée de deux oiseaux tient sur ses genoux un objet brisé qu'il n'est pas possible de déterminer.

Deux ouvriers drapiers.

Un ange musicien.

Personnage assis, couvert d'un ample capuchon.

Grotesque drapé, à tête et ailes d'oiseaux, semblant piler dans un mortier (?)

Fin du XVᵉ siècle.   Hʳ 0 m. 24.

Eglise de Saint-Benoit-sur-Loire.

E 124-126. — *Ecoinçons des dossiers des stalles.*

Chauve-souris, les ailes ouvertes.

Personnage dont on ne voit que la tête barbue, encapuchonnée, et les deux bras étendus déroulant un phylactère.

Tête barbue, coiffée d'un voile.

XV siècle. — Bois.   Hʳ 0 m. 26 ; Lʳ 0 m. 65.

E 127. — **Croix de carrefour, à Saint-Cirgues** (*Puy-de-Dôme*).

> Au dessus de quelques marches, sur un piédestal quadrangulaire, s'élève un fût léger, à cannelures torses, coupé par quatre écussons adossés deux à deux, aux armes répétées de Thomas Bohier, Seigneur de Saint-Cirgues, et de sa femme Catherine Brigonnet.
>
> La croix aux branches fleuronnées, porte d'un côté la Vierge et l'Enfant et de l'autre le Crucifix.
>
> La composition du socle semble indiquer qu'une assise de plus y était prévue.
>
> (*Don de M. le Baron d'Hunolstein.*)
>
> Fin du xve siècle. — Pierre de Volvic.　　　H^r 5 m. 60.

Église de Sainte-Colombe-les-Vienne (Isère)

E 127¹. — *Sainte Anne et la Vierge.*

Ancienne église abbatiale de Saint-Denis.

E 128. — *Statue funéraire de Charles V, roi de France († 1380), exécutée en 1364 par André Beauneveu.*

> Vêtu de la robe et du manteau, le roi est étendu, la tête sur un coussin. Il portait une couronne de métal, de la main droite il tenait le sceptre et de la gauche la main de justice, attributs aujourd'hui détruits.
>
> Marbre.　　　　　　L^r 1 m. 80 : L^l 0 m. 50.
>
> De Charles V, deux autres effigies sont exposées : Statue d'Amiens, buste des Célestins de Paris; d'André Beauneveu, une autre œuvre : la statue de Philippe VI.

E 129. — *Buste de la statue funéraire de Bertrand du Guesclin, Connétable de France († 1380), exécutée par Thomas Privé et Robert Loisel.*

> Fin du xive siècle. — Marbre.　　　H^r 0 m. 30.

E 130. — *Buste de la statue funéraire de Blanche de France († 1382), fille de Charles IV le Bel, exécutée par Jean ou Hennequin de Liège.*

> 4e quart du xive siècle. — Marbre.　　　H^r 0 m. 42.

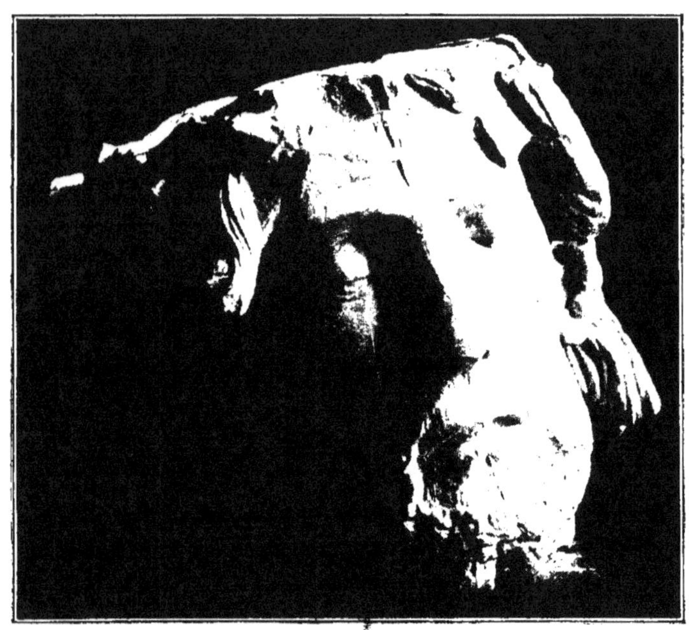

F. 24. — MUSÉE DE BEAUVAIS.
Tête de Christ provenant de l'église Saint-Sauveur (XVe siècle).

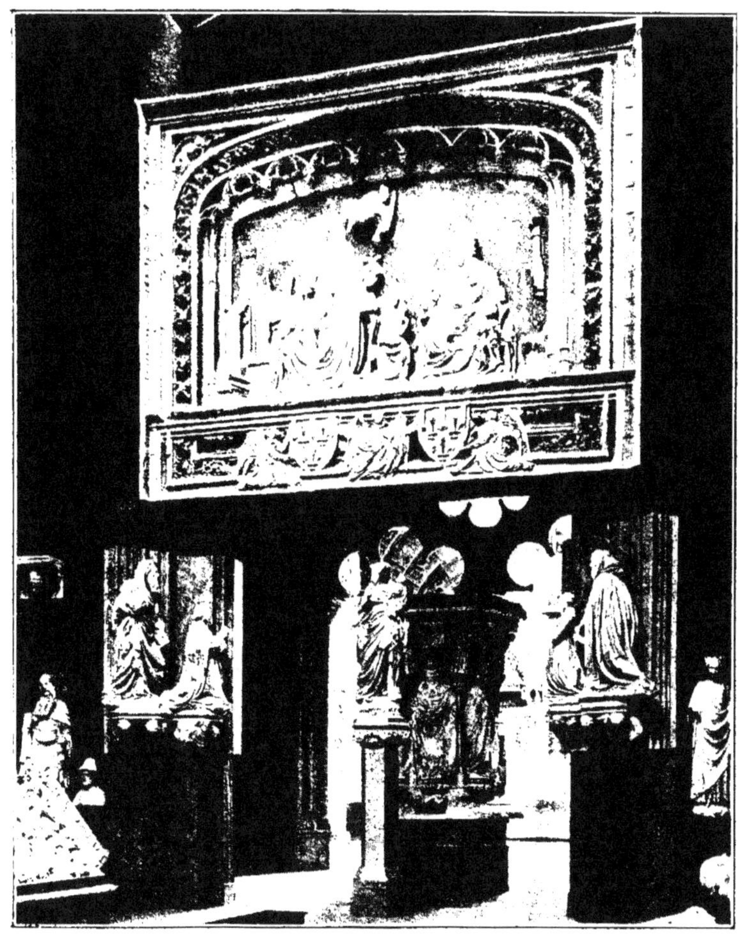

F. 82. — CHATEAU DE LA FERTÉ-MILON (AISNE).
Haut-relief surmontant la porte d'entrée (1392-1407).

F. 58-60. — ANCIENNE CHARTREUSE DE CHAMPMOL, PRÈS DIJON.
Statues décorant le portail de l'église (1387-1393).

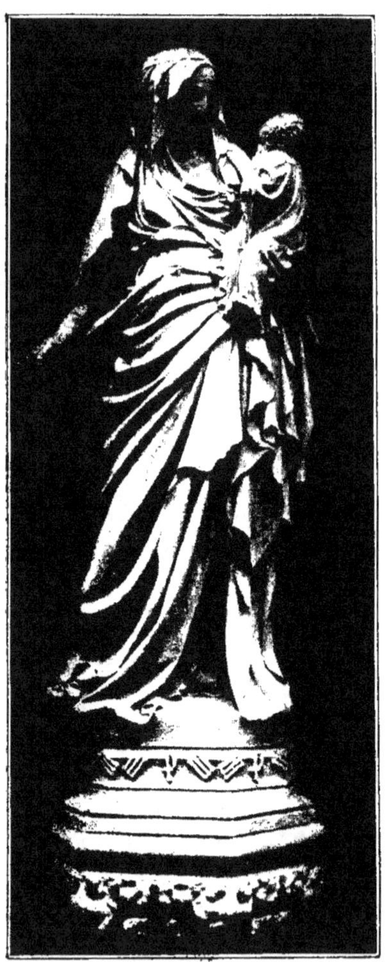

E. 58-60. — ANCIENNE CHARTREUSE DE CHAMPMOL, PRÈS DIJON.
Statue décorant le portail de l'église, par Jean de Marville
et Claus Sluter *de 1387 à 1393*.

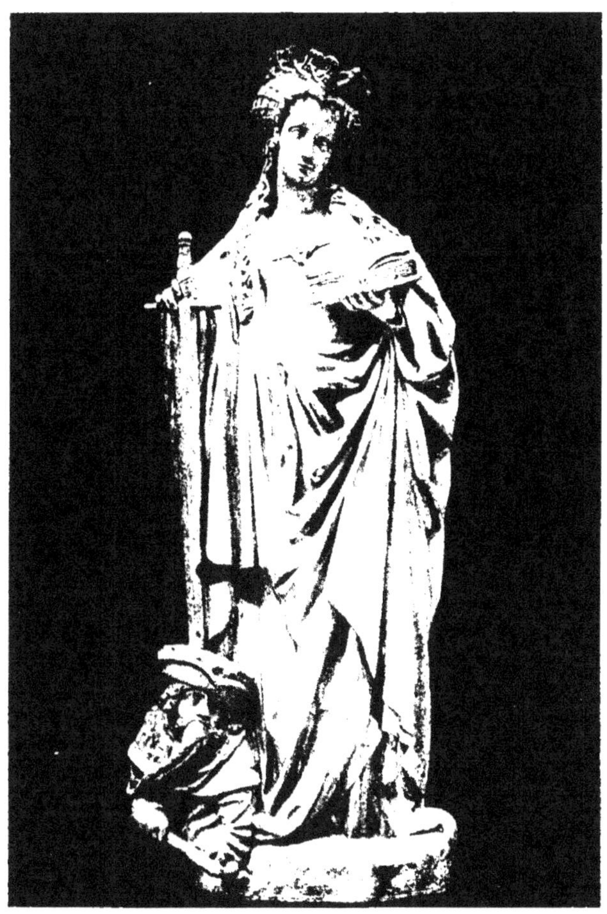

F. 28. — ÉGLISE DE BROU, A BOURG.

Sainte Catherine, statuette décorant le tombeau de Marguerite d'Autriche

Premier tiers du XVIe siècle).

E 131. — *Buste de la statue funéraire d'Isabeau de Bavière († 1435), femme de Charles VI, par Pierre de Thury.*

> Appuyée sur un coussin, cette tête encadrée d'un voile plissé, porte la guimpe et la couronne (restaurée).
> 1er tiers du XVe siècle.   H 0 m. 60.

Eglise de Sainte-Fortunade (Corrèze).

E 132. — *Chef reliquaire de sainte Fortunade.*

> XVe siècle. — Cuivre étamé.   H 0 m. 31.

Hotel de ville de Saint-Quentin.

E 133-140. — *Série de fragments.*

> Divers personnages en costume civil, parmi lesquels un sculpteur taillant avant la mise en place; un tonnelier.
> Un être hybride — femme nue, sans bras, à ailes de chauve-souris.
> Un oiseau monstrueux encapuchonné.
> Un animal fantastique.
> (1509).

Ancienne église abbatiale de Solesmes.

E 141. — *Le tombeau du Christ.*

> La grotte abritant le groupe de l'Ensevelissement du Christ se compose d'une voûte dont les arcs s'amortissent en un pendentif, et présente à l'extérieur un cintre surbaissé, orné de redans, de moulures saillantes, de cordons de feuillage et de crochets.
> Les pieds-droits chargés de pilastres, candélabres, arabesques, et génies, de facture italienne, sont reliés à leur partie supérieure par un large bandeau couvert de tracés flamboyants, encadré de deux frises de feuillage et timbré des écus du roi Charles VIII, de la reine Anne de Bretagne, des Dauphins de France et de Dom Cheminart, prieur de Solesmes, à qui l'on doit le monument.
> La clef pendante présente à sa partie postérieure une niche destinée, dit-on, à recevoir le reliquaire de la Sainte Epine du Trésor de Solesmes. Il semble plus probable qu'on l'a faite pour recevoir une lampe destinée à répandre sur le groupe une lumière mystérieuse. Cette clef pen-

dante se termine par un angelot tenant un phylactère sur lequel se voit l'inscription :

Factus in pace : locus ejus.

Sur le pilastre de gauche se lit : *M°CCCC IIII*e *XVI*° et sur celui de droite : *Karolo VJII regnante.*

En saillie sur les murs intérieurs de la grotte, quatre angelots tiennent le voile de sainte Véronique, la bourse de Judas et deux chandeliers.

Huit personnages composent le groupe de la Mise au tombeau. Nicodème, coiffé d'un turban, vêtu d'une robe damassée et d'une pèlerine à capuchon, ceint d'une aumônière, et Joseph d'Arimathie, en costume seigneurial du temps de Louis XI, maintiennent le suaire sur lequel est étendu le corps du Christ.

En arrière, la Vierge défaillante, soutenue par saint Jean, et à ses côtés deux saintes femmes et un disciple tenant des vases de parfums.

Au premier plan, en avant du tombeau, la Madeleine assise, les mains jointes, dans une douloureuse attitude de méditation.

Le costume de ces dernières figures est sensiblement analogue à celui en usage à la fin du XVe siècle.

Cet ensemble est complété par deux soldats, gardes du sépulcre, debout de chaque côté de la grotte et présentant un étrange mélange de vêtements antiques et chevaleresques. Les mutilations dont ils furent fréquemment l'objet sont en partie dues à la croyance superstitieuse des fidèles de pouvoir venger sur eux le supplice du Christ.

D'après la tradition, Joseph d'Arimathie figurerait un des bienfaiteurs du monastère, Jean d'Armagnac duc de Nemours, seigneur de Sablé.

Il n'a pas été possible jusqu'à présent de déterminer d'une façon indiscutable le nom des maîtres auxquels sont dus les Saints de l'abbaye de Solesmes.

Des attributions successives en ont fait honneur à des artistes italiens, à Germain Pilon, à Ligier-Richier, à Michel Colombe.

Sur les orfrois du manteau de la Vierge sont tracés des caractères ornementaux parmi lesquels on a cru reconnaître des noms d'artistes : Vasordi et Faberti. Si cette interprétation est exacte, ce qui semble douteux, en tous cas ces noms sont au génitif latin, et c'est à tort que l'on a conclu de leur terminaison à l'origine italienne des imagiers.

Dernières années du XVe siècle.

Hr 5 m. 10 ; Lr 9 m. 85 ; Pr 3 m. 35.

L. 142-143. — *Bustes des deux larrons du Calvaire couronnant le sepulcre du Christ.*

Hr 0 m. 30.

Eglise de Souvigny (Allier).

E 144. — *Statues funéraires de Louis II, Duc de Bourbon, (✝ 1430) et d'Anne, Dauphine d'Auvergne, sa femme (✝ 1416).*

La tête appuyée sur un coussin armorié, le duc Louis est étendu, les mains jointes, les pieds posés sur un chien.

Il est couronné d'un chapel de feuillages et de fleurs, et porte l'armure de fer et la cotte d'armes.

A ses côtés, l'épée et la dague. Sur le pommeau de l'épée, le mot *Espérance*, devise de l'ordre de Chevalerie que le duc fonda en 1369 sous le nom d'*Ordre de l'Ecu d'or*.

Couronnée, vêtue d'une robe de dessous, ornée d'une ceinture d'orfévrerie et recouverte d'un surcot échancré, la duchesse Anne repose, la tête sur un coussin armorié. A ses pieds deux chiens.

Le tombeau est dans la chapelle vieille.

1er quart du xve siècle. — Marbre.   Lr 2 m. 15.

E 145. — *Statues funéraires de Charles I, Duc de Bourbon (✝ 1456) et d'Agnès de Bourgogne, sa femme (✝ 1476), par Jacques Morel.*

De même type que les précédentes, ces deux statues en diffèrent par quelques points du costume.

La couronne du duc était ornée de fleurons de métal et de cabochons rapportés. Un ample manteau à collet recouvre son armure de fer et à son épée sont attachés ses gantelets.

La duchesse Anne est également couronnée. Elle est vêtue d'un surcot ouvert, orné de pierreries, d'une cotte serrée aux hanches par une ceinture d'orfévrerie et d'une longue jupe à larges plis.

Autour de la dalle funéraire, l'inscription :

Ci gist de bonne mémoire treshault et puissant prince Charles duc de Bourbonnois et d'Auvergne conte de Clermont et de Forez seigneur de Beaujeu et de Chastel-Chinon, per et Chamberier de France, lequel tresparsa le IIIe jour de décembre l'an mil CCCCLVI.

Et aussi gist treshaulte et tres puissante princesse madame Agnès de Bourgoigne, sa femme, fille de monseigneur Jehan, duc de Bourgogne la quelle alla de vie a trespas le premier jour de décembre l'an mil CCCC soixante et VI. Priez Dieu pour eux.

Ces deux statues furent exécutées de 1448 à 1453, et sont placées dans la chapelle neuve.

Milieu du xve siècle. — Marbre.   Lr 2 m. 15

E 146. — *Cul-de-lampe de provenance indéterminée, conservé dans la crypte de l'église de Souvigny.*

Feuilles de vigne et grappe de raisin.

XVe siècle.   H^r 0 m. 40 ; L^r 0 m. 37.

Cathédrale Notre-Dame de Strasbourg.

E 146¹. — Façade occidentale... *Tête de nègre. (Roi mage).*

XVe siècle.

E 146²⁻³ — *Deux statuettes décorant la cuve de la chaire à prêcher élevée en 1486 d'après les dessins de* **Jean** *Hammerer pour le célèbre prédicateur Jean Geyler de Kayserberg.*

Saint-Jean-Baptiste, Saint-Paul.

Don de M. Chappée.   H^r 0 m. 46, 0 m. 53.

Église Saint-Guillaume de Strasbourg.

(ancien I. 37).

E 146⁴ — *Tombeau d'Ulric et de Philippe de Werd, landgraves d'Alsace, par Woelfelin de Rouffach.*

Deux dalles superposées, séparées par deux lions assis, supportent les statues gisantes des deux frères.

Sur la dalle inférieure, Philippe en habits sacerdotaux, les mains jointes, les pieds sur un chien. Deux anges soutiennent le coussin sur lequel il appuie sa tête.

Anno Dni MCC XXXII III Kal Julii obiit Dnus Philippus lantgravius Alsacie omnibus majoris ecclesie Orate pro eo.

Sur la dalle supérieure, Ulric, en costume de guerre, la tête appuyée sur son heaume, les pieds sur deux lions. A son côté son épée et ses gantelets.

Anno Dni MCCCXLIII XVI Kal octobis ⸗ [iii] honorabilis Dnus Ulricus landtgravius Alsacie Orate pro eo.

Sur la partie horizontale de la dalle à côté de l'épée et tracée en relief la signature de l'artiste :

Meister Woelfelin von Rufach ein bürger zu Strasbourg der het dis wer gemacht.

XVe siècle.   H^r 1 m. 54 ; L^r 2 m. 85.

Hôtel-Dieu de Tonnerre (Yonne).

E 146⁵ à ⁸. — *Quatre bustes du groupe de la Mise au tombeau du Christ exécuté vers 1451, par Jean Michel et Georges de la Sonnette.*

Joseph d'Arimathie.
Placé à la tête du Christ, dont il soutient les épaules.

La Vierge.
Défaillante s'appuyant sur l'apôtre Jean, elle a le visage en partie caché par son voile.

La Madeleine.
Coiffée à la manière des élégantes du XVᵉ siècle, elle porte une guimpe et un large atour en forme de turban.

Sainte Marthe.
Voilée, tenant un vase de parfums.

Ce groupe est dû aux libéralités pieuses d'un bourgeois de Tonnerre, Lancelot de Buronfosse, qui en fit don à l'hopital, par contrat du 30 avril 1454.

Joseph d'A. Hᵗ 0 m. 70.   Les autres bustes 0 m. 40.

Église Saint-Étienne de Toul.

E 147. — *Baldaquin abritant un autel.*

Les pieds-droits, ornés de deux étages de niches et de clochetons, supportent une arcade dont l'intrados est décoré de festons ajourés, et que surmonte un fronton en accolade évidé d'une niche et couronné d'un large fleuron. Ce fronton s'appuie à un bahut complètement ajouré.

En arrière, la balustrade d'une coursière.

Quelques feuillages et détails (griffons) appartiennent déjà à l'art de la Renaissance.

Début du XVIᵉ siècle.   Hᵗ 9 m. 50 ; Lᵗ 3 m. 75.

Cloître Saint-Étienne à Toul.

E 148-151. — *Gargouilles.*

Personnage en costume civil, portant sur l'épaule un tonnelet, destiné à déverser les eaux.

Cheval de selle harnaché.

Animal fantastique.

Animal fantastique. Entre ses pattes, une petite figure tient une sorte de hallebarde et lui en perce le cou.

La corniche est décorée de courses de feuillages variés.

XVᵉ siècle.

E 151[1]. — *Buste de roi (Charles VII ou Louis XI).*

> Cette tête, dont la provenance originale est inconnue, était encastrée dans le mur d'une maison située sur la place de la cathédrale à Toul.
>
> Entièrement rasé, le roi porte une couronne fleuronnée posée sur un bonnet haut.
>
> XVe siècle.   H[r] 0 m. 38.
>
> *(Collection et don de M. Demotte).*

Au Musée des Augustins de Toulouse.

E 152-153. — *Statues d'Apôtres, provenant de l'ancienne chapelle du Collège de Rieux à Toulouse.*

> Saint Jacques.
>
> Portant un nimbe radié, coiffé d'un chapeau orné de coquilles, en costume de pèlerin, saint Jacques est debout, tenant le bourdon de la main droite et de la gauche un livre portant l'inscription peinte :

> DOM   STI :
> MIN   ME : E
> E : PR   T : TV
> OBA   COG [novisti me]

> Saint Paul.
>
> Portant un nimbe radié, saint Paul est debout. De la main droite il tient l'épée et de la gauche il relève le pan de son manteau et présente un livre sur lequel se lit l'inscription :

> NV   RVVM
> NC : D   TVVM
> IMIT   DOMI
> IS : SE   NE : ET

E 154. — *Buste.*

> Saint Antoine de Padoue.   H[r] 0 m. 57.
>
> Le Collège des Cordeliers de Rieux fut fondé par l'archevêque Jean de la Tissanderie (1324 et 1348), mais il est vraisemblable d'attribuer une date plus récente à ces statues, très analogues d'autre part à celles qui décorent le chœur de la Cathédrale de Cologne. Elles étaient peintes et dorées et seize ont été conservées : onze au Musée de Toulouse, deux au portail de l'église du Taur et trois au Musée de Bayonne.

E **155**. — *Fragment de frise, provenant de l'ancienne église des Recollets de Toulouse (aujourd'hui église du Calvaire).*

> Branchages et feuilles de choux frisés accostant un écu aux armes de la famille de Pavie.
> 3e quart du xive siècle. Hr 0 m. 80 : Lr 0 m. 25.

E **156**. — *Fragment d'un chapiteau de provenance indéterminée.*

> Abaque polygonal. Corbeille couverte d'un branchage de chêne ajouré.
> xve siècle. Hr 0 m. 60.

E **156¹**. — *Torse de femme nue présumé provenant de la région toulousaine.*

> Ève.
> xve siècle. — Pierre. Hr 0.58
> (*Collection de M. R. Kœchlin*).

Cathédrale Saint-Pierre de Troyes.

E **157**. — Façade occidentale. *Fragment d'un montant du portail.*

> Gorge profonde décorée d'un oiseau et d'une branche de feuillage — interprétation du chêne.
> Hr 1 m. 47; Lr 0 m. 58.

E **158**. — *Haut-relief de la tour méridionale.*

> Jeune homme nu luttant avec un lion.
> Vers 1527. Hr 0 m. 70; Lr 1 m.

E **159**. — Bras nord du transept. *Fragment de rampant avec crochet et culot de la porte.*

> Feuilles de choux frisés et de houx .
> Milieu du xve siècle. Hr 2 m.50; Lr 1 m.25.

E **160-162**. — *Fragment de la frise de la tribune de l'orgue.*

> Gorge profonde décorée de motifs isolés — figurines, animaux réels ou chimériques, feuillages contournés.
> xvie siècle.

E. 163-168. — *Amortissements ou crochets de rampants.*

> Animaux chimériques.

E. 169. — *Fragment de frise.*

> Aigle et serpent.

E. 170. — *Fragment de frise circulaire.*

> Tournoi de deux personnages nus, coiffés, du bonnet des fous et montés sur deux bêtes fantastiques, auxquelles d'autres fous donnent des soins grotesques. Ces divers fragments, qui ont conservé en partie le caractère gothique flamboyant datent du 1er quart du XVIe siècle.

E. 171. — *Gargouille.*

> Personnage en pourpoint boutonné à la poitrine et aux manches. Une main derrière la tête, l'autre à la barbe.
> Seconde moitié du XIVe siècle.

E. 172. — *Cul-de-lampe, par Jubert, provenant du Couvent des Cordeliers de Troyes, conservé au Musée archéologique.*

> Jeune homme imberbe, vêtu d'un pourpoint lacé accroupi au milieu de feuillages coutournés.
> Ce fragment est signé *Jubert*.
> 4e quart du XVe siècle.   Hr 0 m. 80; Lr 0 m. 56.

E. 173. — *Marteau de porte provenant de l'hôtel de l'Odart Hennequin, Evêque de Troyes, de 1537 à 1544.*

> Sur un fond décoré de moulures flamboyantes, un enfant nu tenant un écusson aux armes meubles vairés et de son chef au lion léopardé.   Hr 0 m. 37; Lr 0 m. 15.

E. 173¹. — *Tête d'une statue funéraire d'homme trouvé dans les fouilles d'une maison à Troyes.*

> Traces de polychromie.
> Fin du XIVe siècle. — Marbre.   Musée du Louvre.
> (*Don de M. Boulin*).

E. 174. — *Buste reliquaire de saint Mayeul.*

> Ce buste, présumé de saint Mayeul, abbé de Souvigny, provient de la *Chapelle du Prieuré de Saint-Mayeul au l'eurdre* (Allier) et est aujourd'hui conservé au Musée de Moulins.
> XVe siècle. Hr   (*Don de M. Eugène Le Brun*).

Église St-Maurice, à Vienne (Isère).

FRAGMENTS DU PORTAIL OCCIDENTAL PORTE NORD.

E 174 1. — *Clef de voussure du portail.*

> Deux anges apportent en planant une couronne ajourée, très ornée, qui forme dais au-dessus de la figure de la Vierge de la niche centrale du tympan.
>
> Hr 0 m. 90 ; Lr 1 m. 52.

E 174 2. — *Claveau de la 2e voussure.*

> Un ange debout, chante en déroulant un phylactère sur lequel est tracée la portée à quatre lignes du plain-chant. Un second l'accompagne et, les jambes croisées, s'appuie familièrement sur lui. Un manteau flottant sur les épaules. il est vêtu de plumes, couronné et ceint de feuillages.
>
> Cette figuration — différente de celle des Séraphins — est exceptionnelle dans l'iconographie des anges, et aucune interprétation plausible n'en a été donnée jusqu'à présent.   Hr 1 m. 05 ; Lr 0 m. 70.

E 174 3. — *Claveau.*

> Groupe de trois Séraphins enveloppés dans leurs ailes
>
> Hr 0 m. 53 ; Lr 0 m. 68

E 174 4. — *Claveau.*

> Un ange debout. nimbé, vêtu d'une robe et d'un manteau tient un bénitier et un goupillon.   Hr 0 m. 70 ; Lr 0 m. 35.

PORTE CENTRALE.

E 174 5. — *Partie gauche du linteau.*

> Linteau composé d'un arc surbaissé et d'une frise horizontale, séparés par des moulures en pénétration. Les gorges, très profondes, sont décorées de feuillages ajourés. (choux frisés, etc.) de têtes humaines et de petits animaux. A l'extrémité gauche, le bœuf ailé de saint Luc.
>
> Hr 1 m. 65 ; Lr 2 m. 34.

E 174 6. — *Claveau de la 1re voussure.*

> Jésus vêtu du manteau de pourpre est debout devant la gueule de l'Enfer qui s'ouvre pour laisser apparaître les

petites figures nues d'Adam, d'Eve et d'un troisième personnage sortant des nimbes.

La tête du Christ est brisée, la main droite tenait la
croix triomphale.   H^r 0 m. 55; L^r 0 m. 60.

E 174^{5} — *Claveau de la 3e voussure.*

Un personnage, peut-être le prophète Elie, en costume
monacal, l'aumônière au côté, déroule un phylactère, sur
lequel se lit : *Ascendit.*   H^r 0 m. 73 ; L^r 0 m. 54.

E 174$^{5\ bis}$ — *Fragment d'ornementation.*

Gorges profondes décorées de feuillages ajourés (vignes,
figues), d'animaux et de petites figures.

E 175. — *Statuette de la Vierge et l'Enfant, actuellement
placée sur la façade de l'**église** de **Villeneuve-les-
Avignon.***

Cette statuette à double face provient sans doute d'un
Calvaire.

XVe siècle.   H^r 0 m. 57.

SAINTE CHAPELLE DU CHATEAU DE VINCENNES.

E 175^1 — *Détail d'un piédroit du portail ouest.*

Socle triangulaire décoré de deux arcs tréflés présentant
une légère accolade et terminé par une corniche de feuillage.

Dans la gorge des montants, course de feuilles d'érable
au milieu desquelles apparaissent des escargots.
                                             H^r 2 m. 20 ; L^r 1 m. 17.

E 175^2 — *Piscine de l'oratoire Sud.*

Les deux cuvettes tracées en quatre feuille sont abritées
sous une niche dont l'arc en tiers point est porté par des
angelots et décoré d'une guirlande de roses. — Sur la console formant tablette, une frise de feuilles d'érable.
                                             H^r 2 m. 20 ; L^r 1 m. 55.

E 175^3 — *Petite gargouille.*

L'ânesse coiffée d'un voile.   L^r 0 m. 30.

E 176. — *Motifs décoratifs de provenance indéterminée.*

Se détachant d'une nervure comme un crochet, un angelot joue de la cornemuse (?)

(*Collection Haussaire*).
                                             H^r 0 m. 40.

E 177. — *Extrémité d'un crochet.*

Petit animal émergeant d'un bouquet de feuillage.
(*Collection Haussaire*).
H^r 0 m. 17.

E 178. — *Deux gargouilles de provenance indéterminée.*

Animaux fantastiques.
xv° siècle.

E 179-180. — *Panneaux de bahut, provenant de* **Chartres.**

Les douze apôtres, groupés deux à deux, sous des arcades géminées, tracées en accolade.
xv° siècle. — Bois.
H^r 0 m. 45 ; L^r 0 m. 80.

E 181. — *Taque de cheminée.*

Cette taque, moulage évident d'un modèle en bois, représente sous deux arcatures en accolade des sirènes mâle et femelle ; une frise de pampres forme encadrement. Des arcades entrecroisées rappellent le portail de Sainte-Vaubourg (Meuse).
Art lorrain.
(*Collection Henri d'Allemagne*).
Début du xvi° siècle. — Fonte de fer.
H^r 0 m. 63 ; L^r 0 m. 88.

E 182-183. — *Deux statuettes de provenance indéterminée*

Saint Etienne.
Un apôtre.
(*Collection Mougeot*).
xv° siècle. — Bois.
H^r 0 m. 47 ; L^r 0 m. 49.

E 184. — *Statuette de provenance indéterminée (Gray ?).*

Notre-Dame des Ardents.
Les cheveux sur les épaules, un cierge dans la main droite, un livre ouvert dans la main gauche.
Sur le socle, un écu lisse.
(*Collection Mougeot*).
Seconde moitié du xv° siècle.
H^r 0 m. 85.

E 184¹. — *Buste de Vierge de provenance indéterminée.*

Les mains croisées sur la poitrine ne permettent pas de préciser la scène à laquelle appartenait cette figure. Elle pourrait aussi bien être Vierge d'Annonciation ou Vierge de Calvaire.
(*Don de M. Durand Gréville*).
xv° siècle. — Bois.
H^r 0 m. 40.

E 185. — *Statuette de provenance indéterminée.*

>Sainte Marguerite.
>
>>>>*(Don de M. E. Perreau).*
>
>Début du xvie siècle. — Bois.   H^r 0 m. 30.

E 185¹. — *Petite figure féminine, en bas relief tenant un livre ouvert.*

>>>>*(Don de M. le C. Lefébre des Noëttes).*
>
>xve siècle. — Plomb.

E 186. — *Groupe de provenance indéterminée.*

>Portant un voile sur ses cheveux flottants, la Vierge est assise, tenant l'Enfant sur ses genoux. Celui-ci est nu et tend le bras vers un donateur agenouillé.
>
>>>>*(Collection Haussaire).*
>
>>>>H^r 0 m. 52 et 0 m. 38.

E 186¹. — *Suite de fragments d'ornementation de provenances diverses.*

>Chapiteaux, consoles, crochets, écoinçons, frises, montants et gorges de feuillage, retombées et têtes d'amortissement, etc.
>
>xve siècle.   *(Legs du Sculpteur A. Rodin).*

E 187. — *La Vierge et l'Enfant.*

>Groupe ayant fait partie de l'ancienne collection du Chanoine Sauvé à Laval. (Aujourd'hui en Amérique).
>
>La Vierge, les cheveux dénoués, est assise sur un trône en forme d'x de décor flamboyant. Vêtu d'une longue robe, debout sur des coussins, l'Enfant se tourne vers elle.
>
>Des trous de scellement indiquent la place où s'encastraient des ornements d'or, couronne, fermail, glands de coussins, et qui furent enlevés lors de la vente de la statuette.
>
>xve siècle. — Ivoire   H^r 0 m. 28.

INDEX

DES NOMS DE PERSONNES ET DE LIEUX

Typographie Firmin-Didot et Cⁱᵉ. — Mesnil (Eure). — 1926.

LES PATRIES DE L'ART

Collection de volumes in-8 (16 × 21) illustrés.

Chaque volume. Broché. **20** fr.

L'Art Français (Moyen Age et Renaissance), par René Schneider, professeur
à la Sorbonne, 150 illustrations.

L'Art Français (xviie siècle), par René Schneider. 120 illustr.

L'Art Français (xviiie siècle), par René Schneider. 136 illustr.

L'Art Byzantin, par Louis Bréhier, professeur à la Faculté des Lettres de Clermont-Ferrand. 1 vol. 110 illustr.

Les ÉVOCATIONS FRANÇAISES

Collection de volumes (25 × 17,5) abondamment illustrés.

Broché **12** fr.

Les Pierres de France, par Henri Focillon, professeur à la Sorbonne. 1 vol.
in-8, 61 gravures et une carte-index.

Les Routes de France, par Jean Bonnerot. 1 vol. in-8 illustré de 48 gravures.

Les Paysages de France, par Jean Bonnerot. 1 vol. in-8 illustré de 48 gravures.

LES VILLES D'ART CÉLÈBRES

Chaque volume (26 × 19), très illustré, broché : **18** fr.

Amsterdam et Harlem, par L. Dumont-Wilden.
Angkor, par G. Groslier.
Anvers, par H. Hymans et F. Donnet.
Assise, par A. Masseron.
Avignon et le Comtat Venaissin, par A. Hallays.
Athènes, par G. Fougères.
Bâle, Berne et Genève, par A. Sainte-Marie Perrin.
Barcelone et les grands sanctuaires d'art catalans, par G. Desdevises du Dezert.
Blois, Chambord et les châteaux du Blésois, par F. Bournon.
Bologne, par P. de Bouchaud.
Bordeaux, par Ch. Saunier.
Bourges et les abbayes et châteaux du Berry, par G. Hardy et A. Gandillon.
Bruges et Ypres, par H. Hymans.
Bruxelles, par H. Hymans.
Carthage, Timgad, Tébessa, par R. Cagnat.
Le Caire, par G. Migeon.
Clermont-Ferrand, Royat et le Puy-de-Dôme, par G. Desdevises du Dezert et L. Bréhier.
Cologne, par L. Réau.
Constantinople, par Ch. Diehl.
Cordoue, Grenade, par Ch.-E. Schmidt.
Cracovie, par M.-A. de Bovet.
Dijon et Beaune, par A. Kleinclausz.
Dresde, par G. Servières.
Florence, par E. Gebhart.
Fontainebleau, par L. Dimier.
Gand et Tournai, par H. Hymans.
Gênes, par J. de Foville.
Grenoble, Vienne, par M. Reymond.
Londres, par J. Aynard.
Lyon, par H. d'Hennezel.
Marrakech et Rabat, par P. Champion.
Milan, par P. Gautiez.
Moscou, par L. Léger.
Munich, par J. Chantavoine.

Naples et son golfe, par E. Lémonon.
Nevers et Moulins, par J. Locquin.
Nimes, Arles, Orange, par R. Peyre.
Nuremberg, par G. Rée.
Orléans et le val de Loire, par G. Rigault.
Oxford et Cambridge, par J. Aynard.
Padoue et Vérone, par R. Peyre.
Palerme et Syracuse, par Ch. Diehl.
Paris, par G. Riat.
Pérouse, par R. Schneider.
Pise et Lucques, par J. de Foville.
Poitiers et Angoulême, par H. Labbé de la Mauvinière.
Pompéi (*Histoire. Vie privée*), par H. Thédenat.
Pompéi (*Vie publique*), par H. Thédenat.
Prague, par L. Léger, de l'Institut.
Ravenne, par Ch. Diehl.
Rome (*Antiquité*), par E. Bertaux.
Rome (*Des Catacombes à Jules II*), par E. Bertaux.
Rome (*De Jules II à nos jours*), par E. Bertaux.
Rouen, par C. Enlart.
Saint-Pétersbourg, par L. Réau.
Ségovie, Avila, Salamanque, par H. Guerlin.
Séville, par Ch. Schmidt.
Stockholm et Upsal, par L. Maury.
Strasbourg, par G. Delahache.
Tanger, Fez, Meknès, par P. Champion.
Tolède, par E. Lambert.
Tours et les châteaux de Touraine, par P. Vitry.
Troyes et Provins, par L. Morel-Payen.
Tunis et Kairouan, par H. Saladin.
Venise, par P. Gusman.
Versailles, par A. Pératé.

*Édition (15 × 21) 64 planches. Broché : **12** fr.*

Caen et Bayeux, par H. Prentout.
Nancy, par A. Hallays.
Le Puy et le Velay, par J. Langlade.

Saint-Germain-en-Laye (Poissy, Maisons, Marly), par P. Gruyer. 84 grav.

TYP. FIRMIN-DIDOT ET Cⁱᵉ
MESNIL - 1927